坐忘

Yürgen Oster

Daoistische Meditation

nach dem Zuo Wang Lun
der Abhandlung über das Sitzen in Vergessenheit
von Sima Chengzhen

Bibliografische Information der Deutschen Nationalbibliothek: Die Deutsche Nationalbibliothek verzeichnet diese Publikation in der Deutschen Nationalbibliografie; detaillierte bibliografische Daten sind im Internet über www.dnb.de abrufbar.

2. korrigierte Auflage
© 2015 Yürgen Oster

Herstellung und Verlag:
BoD – Books on Demand, Norderstedt

ISBN 9783738623772

Informationen über Seminare mit Yürgen Oster
www.wudang-dao.com

In diesem Buch:

Über Meditation

Jeder weiß, dass Meditation wertvoll ist. Aber die wenigsten wissen, wie sie meditieren sollen. Sicher ist es hilfreich, angenehm und gesund, sich für eine Weile hinzusetzen, zu entspannen und die Gedanken fließen zu lassen oder die Gedanken auf ein bestimmtes Objekt oder Gefühl zu lenken, aber das ist nicht, was wir unter Meditation verstehen.

Es sieht so aus als müsse man sich zur Meditation nur in eine bestimmte Position setzen und die Augen schließen. Tatsächlich aber gibt es sehr verschiedene Formen der Meditation, die äußerlich nicht zu unterscheiden sind. Grundsätzlich haben Meditationen einige Gemeinsamkeiten. Der Geist, der alltägliche, mit Gedanken, Sorgen, Plänen, Phantasien, Spielereien beschäftigte sprunghafte Geist soll beruhigt werden. An seine Stelle soll Stille oder die Fokussierung auf ein bestimmtes Objekt treten, ein tieferes, feineres Bewusstsein sich öffnen, eine Verbindung geschaffen werden zu anderen, neuen Bewusstseinsstufen, zur Erleuchtung oder zu Gott. Fast alle Meditationsschulen empfehlen eine bestimmte Körperhaltung, fast alle legen Wert auf eine gerade, aufrechte Wirbelsäule. Sitz- und Handhaltungen variieren, meistens werden die Augen leicht geschlossen und bei vielen wird, zumindest am Anfang, die Aufmerksamkeit auf den Atem gelegt. Die Atmung ist jene Körperfunktion, die sich leicht beobachten und beeinflussen lässt. Der Atem stellt eine ständige Verbindung zwischen außen und innen her, er ist immer und jederzeit greifbar.

Der Atem wird entweder einfach betrachtet, wertfrei und ohne Beeinflussung, wobei manche Schulen den Atem zählen lassen, oder die Aufmerksamkeit verfolgt den Atem beim Eintritt in den Körper, bei seiner Ausbreitung oder der Fokus liegt auf den Empfindungen, die im Körper, allgemein oder in bestimmten Bereichen, auftreten. Weiterhin gibt es verschiedene Atemtechniken mit verschiedenen Rhythmen oder Verlangsamung des Atems.

Andere Richtungen bevorzugen das Singen oder Memorieren von Mantras, einfachen Keimsilben oder kurzen, gebetsähnlichen Sprüchen, die fortwährend wiederholt werden; Imaginationen, Visualisierung oder die Konzentration auf rituelle Bilder, Mandalas oder Thangkas.

Im Westen sind vorwiegend buddhistische Meditationen bekannt. Auch einige Yoga-Schulen betreiben stille Meditation. Populär sind der tibetische Buddhismus mit vielen Ritualen und sehr differenzierten Meditationen zu den unterschiedlichen Zielen. Ebenfalls sehr bekannt ist Zen, vorwiegend in seiner japanischen Ausprägung, aber auch die weniger ritualisierte Meditation der Achtsamkeit, Vipassana oder Mindfulness genannt.

Meditative Praktiken zielen zu Beginn gleich auf eine Stille des Geistes ab. Der alltägliche Geist soll zur Ruhe kommen, um einem tieferen Erleben Platz zu machen. Diese innere Ruhe ist Voraussetzung für alle weiteren meditativen Praktiken. Der normale geistige Zustand bewegt sich fortwährend in Erinnerungen oder Planungen, entweder betrachtet er Vergangenes oder Zukünftiges. Der stille

Geist hält sich ausschließlich in der Gegenwart auf, richtet sich auf den Moment, der gerade ist. Dadurch erreicht das Bewusstsein eine besondere Klarheit, wird transparent und leuchtend. Wertendes, urteilendes Betrachten fällt in den Hintergrund, wenn sich die Grenzen zwischen Subjekt und Objekt auflösen, wenn die Vorstellungen von einem Ich und dem anderen an Bedeutung verlieren. Während in den Anfangsphasen der meditativen Praxis noch die Gedanken wie ein Affenhorde umherspringen und der Übende sich nicht vorstellen kann, wie dort Ruhe einkehren soll, so ist er dennoch schon auf dem Weg, den Geist zu erfahren, indem er sich nicht mehr mit den Gedanken identifiziert. Selbst wenn das normale Denken, der wilde Ochse, zur Ruhe kommt, werden sich tiefere Schichten des Bewusstseins melden. Ängste, Phantasien und Projektionen, Stimmen mögen auftauchen wie im Traum, man glaubt sich in andere Welten versetzt. Alles Illusion, Täuschung des Geistes, der anscheinend nichts mehr fürchtet, als unbeschäftigt zu sein.

Die Beschäftigung mit dem Atem, einem Mantra oder einer Visualisierung, die Konzentration auf ein Objekt oder Ereignis, bildet eine der möglichen Grundstufen der Meditation. Nennen wir es Sammlung. Die andere Schule richtet sich auf eine Offenheit des Geistes, auf eine Betrachtung der Situation, aller Ereignisse im Inneren und Äußeren des Augenblicks, ohne sich an etwas zu halten, an einem sich festzubeißen, sondern alles frei von Anhaften und Bewerten zu betrachten. Es gibt diverse Versuche, meditative Methoden zu klassifizieren, sie in Gruppen zusammenzufassen. Dabei fallen Schulen in eine gemeinsame Kategorie, die

Fünf Zustände des Bewusstseins in Meditation

1. Die Stille der Gedanken, eine Offenheit, ohne den Geist zu fixieren, der freie Fluss tiefer Bewusstseinsschichten, das Auftauchen unbewusster Bilder und Situationen, die Auflösung des Ego und das Gefühl, mit dem gesamten Kosmos eins zu sein.

2. Bewusst sein, ich bin ich, das andere ist das andere. Wahrnehmung des Geistes als Geist und als Quelle aller Erscheinungen, das ursprüngliche Bewusstsein.

3. Erkenntnis der Leere aller Gedanken. Indem die auftauchenden Gedanken betrachtet und zurückgeführt werden zu ihrem Ursprung, wird erkannt, dass sie in ihrem Wesen leer sind. Dazu bedarf es einer meditativen Praxis, weil durch das analytische Denken selbst nicht die Natur der Gedanken erforscht werden kann.

4. Körperbewusstsein, Wahrnehmung der Atmung, Haltung, Bewegung, Spannung oder Entspannung, Empfindung und Lenkung der Energie in bestimmten Kanälen oder Sammeln in Zentren. Trifft besonders auf körperorientierte Praktiken wie Qi Gong, Tai Ji Quan oder Yoga zu.

5. Willenskraft, Konzentration auf eine Absicht, eine Handlung oder ein Erfolgserlebnis. Wird z.B. im Sport eingesetzt.

unter anderen Gesichtspunkten weit voneinander entfernt sind. So entsteht natürlich vor allem für den Anfänger eine verwirrende Unübersichtlichkeit. Ich möchte einen eigenen Katalog aufstellen, nicht mit der Absicht einer endgültigen Klärung, sondern als Grundlage für die weiteren Besprechungen in diesem Buch.

Es ist für viele Menschen schon sehr schwer, ihren Körper zu entspannen, umso schwerer fällt es ihnen, sich von der geistigen Spannung zu lösen.

Die meisten kommen mit ihren Vorstellungen, die ihnen den Blick auf die Wirklichkeit versperren. Die schwierige Arbeit liegt darin, diese Vorstellung beiseite zu schieben. Sie wissen zwar nicht, was DAO ist, aber sie glauben, es zu wissen. Mit jeder neuen Information, die sie bekommen, glauben sie, es besser zu wissen. Mit all diesem Glauben und Wissen stehen die Übenden der Erfahrung des DAO im Weg.

Meditation ist ein hervorragender Weg für diejenigen, die zum Beispiel schon längere Zeit Qi Gong oder Tai Ji Quan praktizieren, und nun einen Ausgleich zu den Bewegungen suchen, die etwas Ruhe in ihre Arbeit bringen wollen, und dennoch mit ihrer Entwicklung weiter vorankommen möchten. Andererseits sollten jene, die längere Zeit mit Meditation Erfahrung gesammelt haben, sich zum Ausgleich mit Qi Gong oder Tai Ji Quan beschäftigen, um nach langem Sitzen dem Körper etwas sinnvolle Bewegung zu gönnen. Mit anderen Worten, stilles Sitzen und bewegte Übungen ergänzen sich auf wunderbare Weise. Die Kombination der bewegten Übungen und der stillen Meditation sind ein mächtiges Werkzeug der Kultivierung.

Die Körperhaltung

Zunächst soll die Haltung aufrecht sein. Innerlich sinken und äußerlich aufrichten. Wichtig ist, das Steißbein nach unten zu ziehen. Anfangs wird man tatsächlich etwas Kraft anwenden müssen, später lässt man das Becken einfach sinken. Dadurch soll die Lendenwirbelsäule gestreckt und der Punkt Ming Men gegenüber dem Bauchnabel geöffnet werden. Nun wird der Nacken nach oben gestreckt. Damit es nicht zu gewaltig erfolgt, ziehe ich es vor, davon zu reden, die Nasenspitze zu senken. Der Punkt Bai Hui auf dem Schädel weist direkt nach oben zum Himmel. Nun ist auch der Punkt Ya Men, Tor des Schweigens, geöffnet. Die Energie kann entlang der Wirbelsäule und über den Nacken nach oben steigen und das Gehirn durchströmen, ohne vorher in den Mund gelenkt zu werden und nach Worten zu suchen.

Wichtig für die Haltung sind geöffnete Gelenke im Bereich der Schultern und der Hüften, sowie geöffnete Energietore im unteren Bereich der Wirbelsäule und im Nacken. Es reicht aus, die Hände auf das untere Dan Tian zu legen, linke Hand über die rechte. Feiner und etwas stimulierender sind die Tai Ji Hände. Die rechte Hand bildet eine Faust, die von der linken Hand umfasst wird und deren erstes Daumenglied von oben in der Faust steckt. Links ist Yang und rechts Yin. Stehen wir mit dem Blick zur Sonne, nach Süden, dann steigt die Sonne links im Osten auf, deshalb Yang, und geht rechts im Westen unter, Yin. Auf den alten Darstellungen der Trigramme steht der Süden oben und der Norden unten. Yang ist außen, Yin ist innen, Yang umfasst Yin.

Die Zungenspitze liegt leicht, ohne Druck am oberen Gaumen, hinter den Schneidezähnen. Sie stellt die Verbindung her zwischen dem Lenkergefäß und dem Dienergefäß. Beide haben ihren Ursprung im Punkt Hui Yin auf dem Damm zwischen Anus und Geschlecht. Das Lenkergefäß Du Mai steigt über den Rücken entlang der Wirbelsäule auf, über den Schädel, den Punkt Bai Hui passierend, über

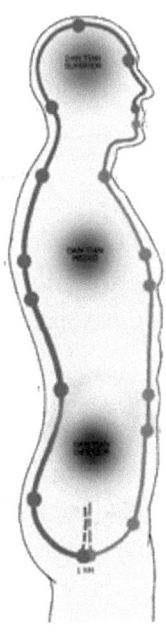

das Gesicht und endet an der Innenseite der Oberlippe. Das Dienergefäß Ren Mai steigt mittig an der Vorderseite des Rumpfes auf bis zum Punkt Chengjian direkt unterhalb der Unterlippe. Zwischen dem Hui Yin und dem Bai Hui verläuft innerlich das Zentralgefäß. Mehr brauchen wir darüber vorerst zumindest nicht nachdenken.

Anfangs wird man viel mit der Körperhaltung beschäftigt sein. Sie will ständig korrigiert werden und vor allem, sie erscheint äußerst unbequem und anstrengend. Sitzend sollst du entspannen. Die Schultern sinken lassen, ebenso den Brustkorb, jedoch nicht einsinkend. Die Anspannung der Bauchmuskeln soll sich lösen, ebenso die Rückenmuskulatur. Der Kopf bleibt gerade, aufrecht, wie an einem Faden hängend. Es wäre vermessen zu behaupten, mit Meditation zu beginnen sei eine einfache Sache. Von Stille ist man weit entfernt. Im Gegenteil, eine große Unruhe macht sich bemerkbar.

Deshalb ist es besser, sich nicht unablässig mit der Körperhaltung zu beschäftigen. Man wird immer wieder neue Möglichkeiten entdecken, die Spannung zu lösen. Millimeterweise kann sich das Steißbein weiter absenken, die Lendenwirbelsäule öffnen, können die Schultern sinken, die Arme runder werden, die Hüften offener. Es ist Teil der gesamten Entwicklung. Jedes Mal, wenn man sich setzt, beginnt man zunächst mit der Entspannung. Dann geht man zur Atmung über, die auf natürliche Weise durch die Nase erfolgt. Das ist alles, was wir suchen, Natürlichkeit.

Ein kleines Kind wird irgendwann damit beginnen, sich aufzurichten und zu stehen. Als nächstes wird es versuchen zu gehen, einen halben, einen ganzen Schritt, bevor es auf seinen Po fällt. Es geschieht ganz natürlich. Aber die meisten Eltern wollen ihr Kind bei seiner Entwicklung unterstützen, wollen helfen, damit der Erfolg sich schneller einstellt. Sie verwechseln fördern mit fordern. Als das Kind noch im Leib der Mutter war, hat es sich auch ganz von alleine entwickelt. Genau so wird sich deine Meditation entwickeln, ganz natürlich, ohne Einmischung.

Die Atmung

Es gibt keine feste Zeit, wann man meditieren sollte. Ob gleich nach dem Aufstehen, mitten am Tag oder vor dem zu Bett gehen, jede Zeit ist gut. Auch für die Dauer gibt es keine feste Regel. Für Anfänger sind schon zehn Minuten lang, später kannst du ohne Probleme eine ganze Stunde sitzen. Es ist hilfreich, eine feste Zeit am Tag für die Meditation einzuplanen. Auch ist es unterstützend, wenn man in einer Gemeinschaft meditieren kann. Es hilft bei der Routine, dabei, es zu einer festen Einrichtung in seinem Leben zu machen. Sind die Anfangsschwierigkeiten überwunden, dann findest du dich schnell in einem angenehmen körperlichen Zustand. Entspannt mit einer wohligen Wärme, die Zunge liegt locker im Mund, Speichel sammelt sich, den man gelegentlich schluckt.

Um in die Stille einzutreten kann es zu Anfang hilfreich sein, sich auf den Atem zu konzentrieren, ohne ihn zu beeinflussen. Man zählt einfach die Atemzüge und wenn man merkt, dass der Geist dennoch abschweift, kehrt man zum Zählen zurück. Hat man sich beruhigt und kann die Aufmerksamkeit beim Atem halten, dann folgt man dem Atem, begleitet ihn in den Körper, weiterhin ohne ihn zu beeinflussen, ohne das Tempo oder die Tiefe der Atemzüge bewusst zu ändern. Es verändert sich mit der Zeit von alleine. Dann ist es gut und natürlich.

Folgt man mit der Aufmerksamkeit dem Atem in den Körper, so konzentriert man sich nach und nach auf den Bereich des unteren Bauchraums. Gemeint ist die Zone unterhalb des Bauchnabels bis hinab in den Beckenboden und sowohl vorne als auch bis nach hinten zur Wirbelsäule. Dies ist der Bereich des unteren Dan Tian. Hat man sich dort entspannt, kehrt Ruhe in die Welt der Gedanken. Unaufhörlich fließt der Atem, verbindet außen mit innen, überwindet die Trennung und schafft Vereinigung.

Es gibt einige Meditationen, die sich ausgiebig mit der Atmung beschäftigen, die unterschiedliche Atemtechniken anwenden, die Vorstellung, den Atem resp. das Qi im Körper zirkulieren zu lassen, beim Ausatmen einen bestimmten Ton zu singen oder zu imaginieren. Anfänger sollten vor allem darauf Acht geben, die Energie im Dan Tian ruhen zu lassen und nicht zu bewegen, es sei denn, Qi bewegt sich von selbst. Dann kann es vorkommen, dass auch der Körper in Vibration oder Schüttelbewegung gerät. Dem soll man sich nicht widersetzen, aber auch nicht versuchen, es herbeizuführen oder die Bewegung zu forcieren. Wenn es passiert, lass es zu, wenn nichts passiert, ist das auch in Ordnung. Wir suchen nicht nach Sensationen, sondern nach der Ruhe. Vielleicht hat man von sich drehenden Rädern gelesen oder dem kleinen himmlischen Kreislauf und glaubt nun, man müsse das Atem-Qi in irgendeiner Form in Bewegung versetzen. Nun, hier reden wir von etwas anderem. Ich möchte nicht sagen, es sei falsch, Qi zu bewegen. Es ist eine andere Schule und wir wollen nichts vermischen.

Das Affentheater

> *Bei ihrer Geburt besitzen die Menschen Ursprünglichkeit. Ihre Natur ist anfangs harmonisch, doch wenn sich das Herz den Dingen verhaftet, geht diese Harmonie verloren.*

Yi Jing 58

Hebe im Denken alle Trennung auf, lege kein Gewicht auf das eine oder das andere. Löse dich von den Sinneseindrücken, den Geräuschen und Bildern. Steigen innere Bilder auf, unterdrücke sie nicht, beachte sie nicht. Weder äußere noch innere Eindrücke sollen die Ruhe des Herzens stören. Die Sinne rauschen durch die Welt und versorgen uns mit ständig neuen Informationen, einer unüberschaubaren Flut, die eindringt, das Herz beunruhigt und die Gedanken und Emotionen nährt. Der Geist springt von einem zum anderen, bleibt nirgendwo haften, sondern sucht ständig nach neuem. Wir nennen es das Affentheater, das unaufhörliche Gebabbel und Geplappere. Erhält der Geist auch nur den geringsten Anstoß, so beginnt er sofort sich zu entwickeln, streckt sich aus nach allen Seiten und spinnt sein Netz in jede Richtung, jede Dimension. Vor unseren staunenden Augen entsteht ein Labyrinth endloser Ausdehnung. In einem rastlosen Prozess fortwährender Bewertung, bejahend und verneinend, wählt er sein Material, zaubert Bilder und Wörter, phantastische Filme und babylonische Bibliotheken. Nichts davon ist wahr. So wie die Kinoleinwand leer und weiß ist und bleiben muss, so ist die tatsächliche Natur des Geistes leer. Alles ist Projektion, nichts ist von Substanz. Aber wir glauben es und irren durch kafkasche Gänge, über eschersche Treppen in piranesische Räume. Fasziniert und verstört folgen wir den sich ständig aufs neue entfaltenden Welten. Begierig saugen wir alle Erscheinungen in uns auf, den Geist mit seinem eigenen Auswurf fütternd. Wenn wir die Sinne "verschließen", kann Ruhe einkehren. Diese Ruhe erzeugt eine ernsthafte Feierlichkeit und Würde.

Dao und De

Auf einem bekannten Bild sehen wir drei Männer um ein Essigfass stehen. Sie haben alle davon gekostet und geben ihr Urteil ab. Der erste, der spricht, ist Buddha. Er findet den Essig, entsprechend seiner Lehre, bitter. Als Zweiter tut Konfuzius seine Meinung kund und hält den Essig für sauer. Der Dritte, Lao Zi, lächelt, denn er findet den Essig, der in diesem Gleichnis für die Essenz des Lebens steht, süß.

DAO 道 verwirklichen geht einher mit Selbstkultivierung oder De 德. Ohne De kein DAO, ohne DAO kein De. Kann man Würde kultivieren, versteht man DAO und De. DAO, der Weg, war ursprünglich die Bezeichnung für den Lauf und Wandel des Mondes, des auffälligsten Himmelskörpers. Hatte man auch entschlüsselt, wie sich die übrigen Erscheinungen am Firmament bewegten, ihre Bahn nahmen und sich zu unterschiedlichen Zeiten wiederholten, so wurde dieser Begriff auch auf den Lauf der Gestirne übertragen. Als der alte Bibliothekar das Reich verließ und am Pass von dem Astronomen Yin Xi nach seinem Woher und Wohin gefragt wurde, da hatte das Wort DAO schon eine weite Bedeutung angenommen und wurde auch auf den Lebenslauf eines Einzelnen angewandt.

Das Schriftzeichen DAO zeigt uns ein Bein, welches geht und einen Kopf, ein Oberhaupt, einen Häuptling, jemand, der sagt, wo es langgeht. DAO ist der Weg und De ist die Art und Weise, wie man dem Weg folgt. Meistens wird De mit Tugend übersetzt. Es ist jedoch keine erzwungene Moral, kein 10 Gebote Gebäude, sondern eine natürliche Ethik, ein gesunder Menschenverstand, der nichts auslässt, aber auch nichts hinzufügt.

Die **Vier Tugenden** sind positive Eigenschaften. Sie gehören zur ältesten Textschicht des Yi Jing. Man hält sie für die einzigen Überreste eines Mantra aus dem Knochen-Orakel der Shang- Dynastie. Diese sind:

> **yuan** 源 Ursprüngliches, der Anfang, das Höchste oder Erste
> **heng** 亨 Gedeihen, Ausdehnung, Entwicklung
> **li** 利 eine Pflanze, die geschnitten wird, Ernte, Gewinn, Lohn
> **zhen** 貞 Zucht, Hingabe, Sammlung

Das Ursprüngliche, wie es auch oben beim Affentheater im Zitat erwähnt wird, ist das eigentliche innere Wesen, welches im Verlaufe der Sozialisierung überschrieben wird. In der Meditation kehren wir Schritt für Schritt wieder zum Ursprung zurück. Entwicklung, das Eingewickelte freizulegen, ist die Methode dazu, die kontinuierlich vorangetrieben

wird. Auf natürliche Weise, wie ein Pflanze gedeiht, die Nahrung und Licht bekommt, ohne den Fortschritt zu forcieren, denn das wäre sein Ende. Der Gewinn der Bemühungen bietet den Ausgleich, damit die Harmonie gewahrt bleibt. Wo gegeben wird, wird auch empfangen. So können wir gewiss sein, dass sich der Einsatz lohnt. Nehmen zu können, ist ebenfalls eine Tugend. Als Letztes wird die Hingabe an den Weg genannt. Warum soll man einen Weg verlassen, der so gut zu gehen ist. Lao Zi sagt, die Menschen lieben verschlungene Pfade. Wie wahr.

De ist der natürliche Lebenswandel, der das eigene und das andere Leben respektiert und wertschätzt. Der Prozess der Kultivierung kennt verschiedene Vorgehensweisen. Diese Methoden sind mit der persönlichen Praxis verbunden. Pflegt man nur die körperlichen Aspekte der Selbstkultivierung, ganz gleich ob in den Kampfkünsten oder in den Yangsheng Übungen, dann erreicht man damit den Grund. Wer sich nur in den inneren Methoden übt, in Reflexion, Kontemplation und Meditation, der erreicht den Gipfel. Wer beides in seiner Praxis verbindet und das rechte Maß bewahrt, geht den mittleren Weg und wird sein De festigen. Ist De gefestigt, dann erscheint DAO von selbst.

In der richtigen Körperhaltung kannst du alle Gedanken und Gefühle loslassen. Im natürlichen Gleichgewicht werden Körper und Geist eins, und wir erkennen die Wirklichkeit so wie sie ist, so wie sie wirkt - ohne Verzerrungen und Überlagerungen durch unsere Gedanken, Gefühle, Hoffnungen, Ängste. Ohne etwas zu erwarten. Es handelt sich dabei nicht um einen speziellen, entrückten, "spirituellen" Geisteszustand. Es ist nicht notwendig, Mantras aufzusagen, Räucherwerk zu verbrennen, Zeremonien auszuführen oder Heilige zu verehren.

Es ist der Zustand vor allen Zuständen.

Wir können Dao weder erlangen noch herstellen. Es ist immer und überall vorhanden, reichlich. Wir können es erfahren, spüren, erlauschen, erkennen. Nach und nach entwickelt sich ein Sinn dafür. Der Weg dorthin heißt Üben. Immer und immer wieder. Wiederholen, Rezitieren.

Man kann den Prozess nicht beschleunigen, nur verlangsamen, indem man wenig tut.

Durch Rezitation dringt die Übung in dich ein. Sie öffnet sich für dich, wenn du offen bist für sie. Wenn du gewartet hast. Wenn du die Zeit nicht sinnlos verstreichen lässt, sondern dich pflegst, dich kultivierst. Loslassen kannst du nicht durch Nachdenken, durch Grübeln erreichen.

Je mehr du deinen Körper lockerst, löst und entspannst, desto gelöster wird dein Geist, desto mehr befreist du dich von deinen Vorstellungen, deinen Sorgen und Ängsten.

Dann gerätst du langsam in den Zustand von Wu Wei, dann wird dein Handeln frei. Du fragst nicht mehr danach, ob dein Qi fließt. Es fließt. Du machst deine Übungen und du kehrst zurück zu deinem ursprünglichen Wesen, deinem Antlitz vor der Geburt. Deinem wahren So-Sein, zu dem, was sich in dir und durch dich verwirklichen will.

Die Lebenskraft Qi

In der Daoistischen Schule lenken wir das Bewusstsein auf das sogenannte Qi, was mit Lebenskraft übersetzt werden kann.

Bewusstsein und Qi sind ohne Form und ohne Gestalt, aber sie sind in unserem Körper. Man kann sie nicht sehen und ihren Ort nicht bestimmen. Dennoch spielen beide eine wichtige Rolle im Körper und im Leben eines Menschen. Wir wissen heute, dass die körperliche Substanz auf der atomaren Ebene aus sehr viel leerem Raum besteht. Hätte der Atomkern die Größe eines Stecknadelkopfes und befände sich auf dem Mittelpunkt eines Fußballfeldes, dann wären die ihn umgebenden Neutronen Staubkörnchen auf den Torlinien und dazwischen ist nichts. Zumindest keine Substanz, aber ein Spannungsfeld. Bricht dieses Feld zusammen, dann zerfällt auch das Atom.

Existiert im Körper kein Qi, ist der Körper tot. So kann man verstehen, welch wichtige und bedeutende Rolle dem Qi, der Lebenskraft im Körper, zukommt. Da es den ganzen Körper ausfüllt, hält es alle körperlichen Funktionen aufrecht. Normalerweise denken wir, dafür sei das Blut zuständig. Aber damit verwechseln wir das Fahrzeug mit dem Fahrer. Qi nährt, erhält und reguliert das Blut. Das Blut transportiert Qi in alle Bereiche des Systems.

Qi wird erzeugt durch die sexuelle Kraft, die dem Lebenstor (Ming Men) entspringt. In Daoistischer Terminologie heißt dies die Verbindung von Wasser und Feuer. Dabei wird das Wasser in den Nieren und das Feuer im Herzen lokalisiert, das Feuer aber muss sich unter das Wasser begeben. Das ist der Prozess der Erzeugung des "Inneren Elixiers". Dieser vollzieht sich in den Dan Tian oder Elixier Feldern, im Unteren, Mittleren und Oberen Dan Tian. Wenn man diesen Vorgang versteht, dann wird klar, dass Qi weitaus wertvoller ist als Blut.

Die Lebenskraft Qi erzeugt uns, Blut bildet uns. So wird es im Daoismus verstanden. Hätten wir nur einen Erbauer, aber keinen Erzeuger, könnte Leben nicht bestehen. Der Erzeuger oder Inventor bringt die Idee, das Konzept, das Prinzip in die Welt, der Erbauer bringt das Material und setzt es zusammen. Deshalb wird der Erzeuger höher geschätzt. Hat man ungenügendes Material, kann dennoch für eine Weile das Leben erhalten bleiben. Ist aber die Lebenskraft in Mitleidenschaft gezogen, dann hat man ein ernstes Problem. Ist reichlich Energie vorhanden, dann wird Blut gut genährt sein. Ist das Blut gut genährt, wird der Körper stark sein. In einem starken Körper lässt sich die Intention auf ein Ziel ausrichten. Mit zielgerichteter Intention wird der Wille gefestigt, das Leben verlängert und sinnvoll.

Wir werden durch Qi gezeugt und vom Blut "gebaut". Qi wird erhalten durch Atmung und Nahrung. Schlechte Luft und minderwertige Ernährung schaden dem System und verkürzen die Lebensdauer. Darüber hinaus wird Qi gepflegt durch die Übungen des Yangsheng oder Daoyin, jetzt zusammengefasst unter dem Begriff Qi Gong bekannt. So wie wir den Körper pflegen, braucht auch die Lebenskraft ihre Pflege.

Meditation ist ein Teil der energetischen Pflege, der andere Teil besteht aus körperlichen Übungen. Meditation bewahrt einerseits unsere Gesundheit und kann darüber hinaus die Gesundheit steigern und das Wesen klären.

Das Innere Wesen

> *„Kehre zurück zu dem, was ursprünglich dein ist, denn du kannst es nicht um das Geringste vermehren."*

Yi Jing, 48, Jing, Der Brunnen

Wenn sich das Aktive und das Passive ausgleichen, wenn Wasser sich mit Feuer verbindet, Himmel und Erde in Harmonie stehen, kommen die Dan Tian in eine Reihe und der Mensch in Ordnung. Sich seiner Unordnung bewusst zu werden ist ein wichtiger erster Schritt auf dem Weg der Kultivierung durch Stille. Die vielen störenden Gedanken, die anfänglich auftauchen, sind nur ein Teil davon. Nach und nach werden sich die alltäglichen Sorgen leicht auflösen lassen, aber nur, um tieferen Problemen Platz zu geben. Es sind alles deine Dämonen, deine kleinen und großen Schreckgespenster, aus dir selbst geboren, und nur dazu da, dir das Leben zu versauern. Sie sind nicht real, sondern deine Projektionen. So wie ein kleines Kind in einer über den Stuhl hängenden Jacke ein Gespenst erkennt, so siehst du vielleicht in den Blicken oder der Bemerkung anderer eine Bedrohung.

Die Gefühlsregungen sind still, ebenso das imaginative Denken, das Innere Wesen soll sich nicht ablenken lassen. Es wird in allen Texten betont, dass Stille von Bedeutung ist, um erfolgreich meditieren zu können. Erlangt der Geist Ruhe und der Körper nimmt die richtige Haltung ein, das heißt, er ist aufgerichtet, dann gelingt die Nährung des Wesens, dann beginnt die Kultivierung. Sich hinsetzen und die Augen schließen bedeutet nicht, zu meditieren, genauso wenig wie man schon schwimmt, wenn man sich ins Wasser begibt. Stärke den Willen und die Energie wird stark. Mit einem schwachen Willen bleibt auch das Qi schwach. Das ist der Weg in den Tod.

Die Ruhe der Ohren lässt die Essenz in den Nieren ruhen. Die Ruhe der Augen lässt Hun, die Wanderseele, in der Leber ruhen. Die Ruhe der Stimme lässt den Geist im Herzen ruhen. Die Ruhe der Nase, frei von herausragenden Gerüchen, lässt die Körperseele in den Lungen ruhen. Die Ruhe in den Gedanken löst alle Trennung auf und lässt die Emotionen in der Milz ruhen.

Das eigene Wesen zu verbessern, zu heilen und zu stärken, ist der tiefe Sinn unseres Daseins. Wir müssen unterscheiden zwischen dem vordergründigen oder äußeren Wesen und dem inneren Wesen. Unser vordergründiges Bewusstsein, unser Bild von uns selbst und unserer Positionierung in der Welt ist, was wir Ego nennen. Es hat sich im Laufe des Lebens entwickelt, beginnend mit der kindlichen Erkenntnis, dass man sich unterscheidet von allen anderen, ein eigener Mensch ist, bis hin zu dem, was wir alles lernen auf dem Weg der Sozialisation, wie wir uns einstellen zu den Mitmenschen und der Welt. Das ist sehr oberflächlich, dennoch glauben wir, dies sei unser ich. Dabei sind es nur die Reflexionen und haben so wenig mit unserem Innersten zu tun, wie die Wolken, welche sich auf der Oberfläche eines Teichs spiegeln, das Wesen des Teiches sind. Meditation hilft uns, zum Innersten vorzudringen.

Wer sind wir wirklich, was ist tatsächlich das beständige und unveränderliche „Ich"? Alles ändert sich, das Wetter, die Stimmung, die Gedanken, die Gefühle anderen gegenüber, das Selbstbewusstsein. Alles.

Vom Augenblick deiner Geburt an, jeden Tag, wenn du wach wirst, selbst in deinen Träumen, hast du ein Bewusstsein von „dir". Du hast eine Wahrnehmung davon, dass du bist und dass du davon weißt. Dieses klare Wissen, welches dich begleitet, sitzt tief in deinem Herzen. Es ist kein intellektueller Vorgang, du denkst es nicht, du weißt es, du spürst es, es ist immer vorhanden. Hinter allen Gedanken, Überlegungen und Berechnungen, hinter allen Plänen und Handlungen, inmitten deiner sich wandelnden Gefühle ist stets dieses Wissen um deine Existenz vorhanden.

Es ist immer bei dir und wird immer bei dir sein. Selbst verwirrte Menschen, die nicht einmal mehr wissen, wer sie sind, wissen darum, dass sie sind. Es ist noch eine Instanz vorhanden, die darum weiß, dass sie die Person, die sie ist, nicht kennt.

Leider wissen wir nicht, wer diese Instanz ist. Wir nennen es wahres Selbst, aber wir kennen es nicht.

Die Meditation, welche wir „Sitzen in Vergessenheit" nennen, möchte uns mit diesem ursprünglichen Sein bekanntmachen. Indem wir alles andere vergessen, welches ohne Bestand ist, können wir uns mit jenem verbinden, was immer dort war und immer dort sein wird. Mit dem Ewigen.

Dies ist der Weg, die eigenen Krankheiten zu heilen.

Wissenschaftliche Annäherungen

Friedrich Schiller schrieb im „Wallenstein" es sei der Geist, der sich den Körper baue. 200 Jahre später beginnt die Neurowissenschaft zu erkennen, wie recht der Dichter und Arzt damit hatte, was man in Asien schon vor 2500 Jahren und mehr wusste: Die Seele kann den Leib verändern.

Als der Psychologe Richard Davidson von der University of Wisconsin-Madison anfing, die Wirkung von Meditation zu erforschen, schämte er sich regelrecht und hatte Schwierigkeiten, seine Arbeit zu erklären, und vor allem, die nötigen Fördermittel dafür zu erhalten. 1974 machte er selbst seine erste intensive Erfahrung mit Vipassana - Meditation in Indien. In einem zehntägigen Seminar meditierten sie vierzehn Stunden täglich. Die meiste Zeit waren die Teilnehmer wohl mit den Schmerzen in den Beinen und im Rücken beschäftigt. Aber die Art der Beobachtung veränderte sich. Er schreibt dazu: „Ich hatte am eigenen Leib erlebt, wie es in meiner Wahrnehmung zu einer Art tektonischen Plattenverschiebung gekommen war: Ich konnte das Konzept des Schmerzes abstreifen wie einen Fussel von meinem Hemd und zu einem dauerhaften Wohlgefühl im Augenblick gelangen. Als Wissenschaftler zweifelte ich nicht daran, dass es dabei zu einer Verschiebung in meinem Gehirn gekommen war, und zwar wahrscheinlich in den für Aufmerksamkeit und Emotionen zuständigen Systemen."*

---

* R. Davidson,S. Begley, Warum wir fühlen wie wir fühlen, arkana, München 2012

Es dauerte dann noch zwei Jahrzehnte, bis Davidson sich beruflich mit Meditation beschäftigte. Der promovierte Molekularbiologe Matthieu Ricard, seit 1967 Mönch in der Tradition des tibetischen Buddhismus, stellte sich 2001 Richard Davidson zu Studien über die Veränderungen im Gehirn in verschiedenen Stadien der Meditation zur Verfügung. Hierzu hatte das Team ein Programm aufgestellt, bei dem im Wechsel zwischen einer neutralen Einstellung und verschiedenen Meditationen die Hirntätigkeit im fMRT gemessen und mit bildgebenden Verfahren dargestellt werden sollte.

Obwohl sich die Zustände ausschließlich auf einer rein mentalen Ebene voneinander unterschieden – Matthieu befasste sich lediglich mit jeweils anderen Gedanken – waren in den Abbildungen des Gehirns klare Unterschiede in den Aktivitätsmustern festzustellen. Davidson fand mit Hilfe des Dalai Lama weitere meditationserfahrene Probanden für seine Untersuchungen und betreibt nun mit geradezu missionarischem Eifer sein Projekt *Change your Mind. Change the World.*

Matthieu Ricard hielt im Herbst 2009 am Europäschen Laboratorium für Molekularbiologie (EMBL) in Heidelberg einen Vortrag über wissenschaftliche Untersuchungen an sehr meditationserfahrenen buddhistischen Mönchen. Dieser Vortrag stieß bei den Wissenschaftlern auf so starkes Interesse, dass der grosse Vortragssaal mit ca. 400 Sitzplätzen praktisch bis auf den letzten Platz besetzt war. Der Begriff „erfahrene" oder „sehr erfahrene" Meditierende ist nicht genau definiert. Es gibt Studien bei denen die Teilnehmer einige tausend Stunden Meditationserfahrung haben und Matthieu Ricard berichtete von einem älteren tibetischen Mönch mit etwa 50.000 Stunden Meditationserfahrung. In einer dieser Studien wurden acht buddhistische Mönche mit einer Kontrollgruppe von zehn Studenten ohne wesentliche Meditationserfahrung verglichen. Die Studenten erhielten nur eine einwöchige Anleitung von einer Stunde pro Tag. Die Mönche hatten eine Meditationserfahrung von 10.000 bis 50.000 Stunden.

Die Probanden mussten zwischen zwei Phasen wechseln: eine neutrale Phase mit 30 Sekunden und eine Meditationsphase mit 90 Sekunden in der sie über Mitgefühl und liebende Güte meditierten. Dieser Phasenwechsel wurde vier Mal wiederholt. Dabei zeigte sich bei den erfahrenen Meditierenden ein sehr starker Anstieg der sogenannten Gammawellen und das bereits bei so kurzen Meditationsphasen von nur 90 Sekunden.*

Ein Forschungsprojekt am Leipziger Max-Planck-Institut unter der Leitung der Hirnforscherin Tania Singer fragt schon nicht mehr danach, ob Meditation einen Effekt hat, sondern welche Meditation welchen Effekt hat. An dem Projekt sind 17 Meditationslehrer und 160 Probanden in Leipzig und Berlin beteiligt. Die Teilnehmer haben neun Monate lang mindestens sechs Tage die Woche meditiert. Zugleich wurden sie von den

---

* Quelle: achtsamkeit-hd.de, Reinhard Mundt (1.2.2014)

Forschern durchgecheckt: Wie hoch ist der Pegel des Stresshormons Cortisol im Speichel? Wie häufig kooperieren sie in speziell entwickelten Computerspielen? Wie glücklich sind sie? Und wie schnell rast ihnen das Herz in einer angsteinflößenden Situation? Das Gehirn jedes Teilnehmers wurde fünf Mal gescannt. Ein großes Problem der Meditationsforschung ist, dass Wissenschaftler nicht überprüfen können, was in den Köpfen der Studienteilnehmer tatsächlich vor sich geht. Sie wissen nicht, ob die Probanden wirklich meditieren, ob sie nur tagträumen - oder sogar schlafen. Noch mehr Schwierigkeiten birgt die Kontrollgruppe. Singer hat sich in ihrer Studie deshalb gegen eine Kontrollgruppe entschieden:

Beide Gruppen, die sie miteinander vergleicht, meditieren. Aber während die eine Gruppe drei Monate Achtsamkeitsmeditation praktiziert, lernt die andere, „ihr Herz zu öffnen und Mitgefühl zu entwickeln".

"Wir finden tatsächlich Unterschiede zwischen den beiden Gruppen, und zwar ziemlich deutliche", sagt sie. Allerdings braucht das alles seine Zeit. Manche Veränderungen des Körpers setzten erst nach sechs Monaten Training ein. „Das mag lang klingen, aber ich erwarte ja auch nicht, dass ich in einen Fitnessklub gehe und nach acht Wochen einen straffen Körper habe", sagt Singer.

Sara Lazar vom Massachusetts General Hospital in Boston berichtete, dass sich das Training sogar in der Morphologie des Gehirns niederschlägt. Der Hirnscanner zeigte, dass es den Mandelkern schrumpfen lässt, eine Struktur im Gehirn, die unter anderem an der Steuerung von Angst beteiligt ist. Zugleich hatte die graue Substanz in Bereichen des Gehirns zugenommen, die zum Beispiel mit Mitgefühl assoziiert sind.

"Das Gehirn ist in der Lage, sich zu verändern, und so wie wir eine neue Sportart lernen, können wir auch Fähigkeiten wie Aufmerksamkeit oder Mitgefühl trainieren", sagt Richard Davidson. "Das ist kein Voodoo."

aus ‚Spuren im Kopf', Kai Kupferschmidt, süddeutsche.de vom 8. Februar 2015

Inzwischen hat sich ein regelrechter Boom entwickelt und täglich kommen neue Meldungen, die Beweise für die Wirksamkeit diverser Meditationstechniken vorlegen. Viele Menschen brauchen solche Bestätigungen, um sich einer Methode zuzuwenden. Wenn sie es anfangs nutzen, um ihren Stress zu reduzieren und Krankheiten vorzubeugen, so mag der eine oder andere mit der Zeit auch in die tieferen Schichten der Mediation vordringen.

Die Vorstellung des energetischen Körpers

Bevor etwas wird, bevor eine Erscheinung oder ein Ereignis zu Tage tritt, befindet es sich im Zustand Xian Tian, was man gemeinhin mit "vor dem Himmel" übersetzt. Alles durchläuft dort einen Prozess, der darauf hinzielt, über die Schwelle zu treten in die Welt von Himmel und Erde.

Zu Anfang erzeugt Wuji, die grenzenlose Leere, aus sich heraus die beiden Kräfte Yin und Yang. In der Welt von Himmel und Erde, in der wir leben, verstehen wir Yin und Yang als abstrakte Konzepte. Im Zustand von Xian Tian sind Yin und Yang als Kräfte zu verstehen.

So entstehen Yin Qi und Yang Qi.

Yang Qi entwickelt sich nach außen, es entstehen die 10.000 Dinge, das gesamte Universum inklusive dir und mir. Aus dem Yang Qi bricht das ganze Leben heraus, alle Formen der Existenz, ständig und unaufhörlich.

Zunächst entwickelt sich ursprünliche Bewusstheit, Geist, genannt Yuan Shen. Als zweites in dichterer Form, erleben wir den ursprünglichen Atem, Yuan Qi. In der weiteren Verdichtung entsteht ursprüngliche Essenz, Yuan Jing.

Die ursprüngliche Essenz enthält die Informationen deiner Eltern und Großeltern sowie die Informationen des Kosmos. Ersteres nennen wir heute genetische Informationen, in denen sich auch die gesundheitlichen Zustände deiner Vorfahren, sowohl deren ererbte, als auch die Veränderungen durch deren Lebensumstände, finden.

Die kosmischen Einflüsse entstehen durch den Zeitpunkt und Ort der Zeugung und der Geburt. Weswegen es in China zu der großen Kunst der Astrologie zählt, Eltern die günstigsten Umstände zur Zeugung eines Kindes zu berechnen. Innerhalb dieser Vorgaben, den in der ursprünglichen Essenz gespeicherten Informationen, kann sich eine Person entfalten, findet die individuelle Entwicklung statt. Damit ist nicht das Schicksal festgelegt, aber die Umstände, unter denen die individuelle Lebensentfaltung möglich wird. Diese durchläuft regelmäßige Zyklen. Für den Mann sind acht und die Frau sieben Jahre angegeben.

Sind diese Zyklen kürzer oder länger, sagt es etwas aus über einen Mangel oder einen Überschuss im Jing des Individuums. Yuan Jing, die ursprüngliche Essenz, bestimmt die Zyklen und die Länge eines Lebens.

Das ursprüngliche Jing kondensiert im Körper in den Nieren. Wir sehen, das Konzept des energetischen Körpers oder Wesens beginnt in der grenzenlosen Leere und stabilisiert sich über den Geist und den Atem zur Essenz, die damit beginnt, den Körper werden zu lassen. Aus dem Bereich des Ming Men (Lebenstor) manifestiert sich die ursprüngliche Essenz als Nieren. Von dort heraus erzeugt das niedrig schwingende Nieren-Yin die Körperflüssigkeiten.

Yin schwingt in niedrigeren Frequenzen, weshalb es abkühlt und kondensiert. Die Verdichtung erzeugt die Flüssigkeiten und Schleime. Blut, Lymphe, Sexualsekrete, Schweiß und in den Knochen das Mark.

Das Yang der Nieren schwingt höher oder schneller, es wärmt und erzeugt das Qi im Körper. Als erstes die drei Dan Tian, welche als die Drei Erwärmer San Jiao und deren energetische Funktionen bis in die Organe hinein wirken. Das Obere Dan Tian erzeugt mithilfe des Herzens und der Lungen die geistigen Kräfte. Das Mittlere Dan Tian erzeugt mit den die Nahrung aufnehmenden und verarbeitenden Organen die emotionalen Kräfte. Das Untere Dan Tian erzeugt mit den Nieren und dem Urogenitalsystem die körperlichen Kräfte.

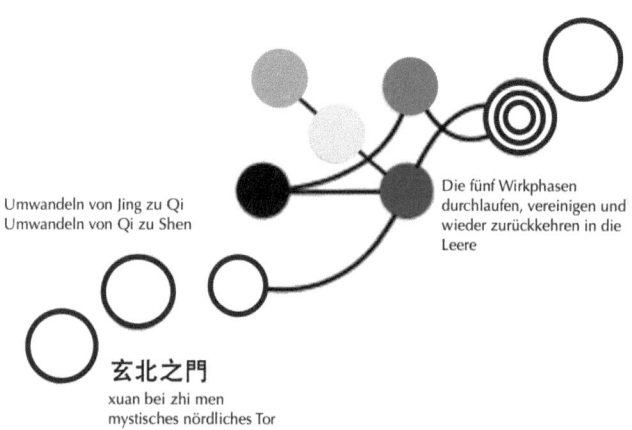

Umwandeln von Jing zu Qi
Umwandeln von Qi zu Shen

Die fünf Wirkphasen
durchlaufen, vereinigen und
wieder zurückkehren in die
Leere

玄北之門
xuan bei zhi men
mystisches nördliches Tor

Die drei Dan Tian und ihre Verbindungen zueinander bilden das Zentralgefäß, welches sich als erstes nach der Zeugung manifestiert. Danach entstehen die beiden Leitbahnen Du Mai und Ren Mai, die später an der Rücken- bzw. Frontmitte des Rumpfes verlaufen. Der horizontal verlaufende Dai Mai schnürt das ‚Ei' ein, wodurch sich Ober- und Unterkörper differenzieren. Als nächstes bilden sich noch weitere vier Leitbahnen, welche die sich dann entwickelnden zwölf paarigen Leitbahnen verbinden. Diese Bahnen erzeugen ein energetisches Netz, in dem sich der Körper verdichtet.

Um zu meditieren muss man das alles nicht wissen. Ich führe es hier an, um zu verdeutlichen, wieso die Vorstellung eines individuellen Wesens existiert.

Richtige Vorbereitung der Meditation

Anfänger sollen darauf achten, einen ruhigen Platz zu haben, an dem sie während der Meditation ungestört sind. Möglichst wenige Geräusche und Gerüche sollten die Übung beeinträchtigen. Dann nimmt man die richtige Körperhaltung ein, sitzt auf einem Kissen mit angemessener Höhe oder einem Stuhl. Sobald man sich angenehm fühlt, richtet man die Aufmerksamkeit auf die Atmung oder ein Objekt der Betrachtung, um den Geist in die Ruhe zu führen.

Nun soll man den Geist bewachen, damit er nicht die Führung übernimmt oder wegläuft, träumt oder einschläft. Bleibe stets bei deinem Geist wie ein Hirte bei seinen Schafen bleibt. Der Hirte bleibt bei der Herde und die Hunde halten die Herde zusammen. Am Tag wandern sie über das Land und am Abend legen sie sich zur Ruhe. Wir wissen nicht wer den Weg vorgibt. Geht der Hirte mit den Schafen oder gehen die Schafe mit dem Hirten. So heben wir die Trennung auf von führen und geführt werden, von vorgehen und folgen.

Pausen während der Meditation

Länge ist nicht wichtig. Wenn es Mühe bereitet, lange zu sitzen, so ist es besser Pausen zu machen, etwas ruhig auf und ab zu gehen und dann wieder zu meditieren. So kommt man langsam aber sicher zu längeren Sitzungen. Es heißt, man soll jeden Tag mindestens zwanzig Minuten sitzen, aber wenn man wenig Zeit hat, dann soll man eine

Stunde sitzen. Wird der Geist müde und träge, ist es besser, die Meditation zu unterbrechen und nach einer Pause erfrischt fortzufahren.

Lernen in der Meditation

Es gibt wunderbare Sensationen, die während der Meditation auftauchen können. Aber sie sind nicht der Sinn der Meditation. Es ist kein stiller, geistiger Rummelplatz. Es geht darum, über die Sensationen den Geist zu untersuchen und zu begreifen, doch nicht daran festzuhalten. Empfindet man ein großes Gefühl des Glücks und der Seligkeit, so ist das Gefühl als solches zu betrachten, sonst verliert man sich in der Anhaftung an dieses Gefühl. Man mache sich klar, dass Glück oder Seligkeit keine Substanz haben. Sie sind deshalb nicht falsch oder schlecht, aber auch nicht gut oder richtig. Sie sind für eine Weile dort, werden erfahren und lösen sich wieder auf. Das gleiche gilt natürlich auch für negative Gefühle und Gedanken.

Kommt man in den Bereich des Nicht-Denkens, so glaubt man, den Zustand von Vergessenheit erlangt zu haben und möchte das Nicht-Denken erhalten oder man möchte es immer wieder erreichen. Nicht-Denken ist jedoch nicht Vergessenheit, sondern ein Zustand, den du wahrgenommen hast. Alle Überlegungen und Vorstellungen von Sein oder Nicht-Sein, von Realität und Geist sind immer wie Fußspuren im Sand, die von der nächsten Welle ausgelöscht werden. Alle Vorstellungen von Fußspuren, Sand und Wellen werden wieder verschwinden. Vergessenheit liegt jenseits der Vorstellungen.

Erreicht man Vergessenheit ohne tiefe Einsicht, dann bleibt es eine Methode des alltäglichen Daseins. Es eignet sich zur Verminderung von Anspannung, von Stress, zur Erholung der Nerven und Verbesserung der Gesundheit. Tiefe Einsicht bedeutet die Entwicklung des ursprünglichen Selbst. Vergessenheit alleine wirkt keinen großen Nutzen und reine intelligente Einsicht ohne Vergessenheit führt auf geistige Irrwege wie Nihilismus oder Überheblichkeit. Deshalb muss Einsicht durch Vergessenheit intensiviert werden und Vergessenheit durch Einsicht.

Vergessenheit und tiefe Einsicht sind weder Methoden noch sind sie ein Weg. Meditation ist keine äußere Handlung, sondern eine innere Haltung. Normale Menschen glauben sich durchdrungen von ihrem Ich. Sie sagen: "Hier ist dieses menschliche Wesen, welches ich bin." Sie haben Angst, in der Vergessenheit dieses Ich und damit ihre Identität zu verlieren, was sie daran hindert, das ursprüngliche Selbst zu gewinnen. Das ursprüngliche Selbst ist aber von dem Ich nicht zu trennen und ist nichts anderes als die Erkenntnis vom Wesen des eigenen Geistes.

Fehler und Irrtümer

Kann man in der Meditation Fehler machen? Wir verstehen unter einem Fehler eine Handlung, die nicht zu dem gewünschten Ergebnis geführt hat. Stattdessen haben wir ein anderes Ergebnis erzielt. Dieses ist in gewisser Weise real. Das gewünschte Ergebnis existierte nur in unserer Vorstellung. Was zählt nun mehr, die Wirklichkeit oder wie wir sie gerne hätten. Wir können demnach nur Fehler machen aufgrund einer Erwartungshaltung. Im absichtslosen Geist können keine Fehler entstehen. Nur so lange wir davon ausgehen, etwas solle unserer Vorstellung entsprechend sein oder werden, können Fehler entstehen. Sie entspringen einer inneren Haltung, einem Irrtum. Es sind dies im wesentlichen die folgenden fünf falschen Vorstellungen.

1. Wertendes Denken - Trennung

Unablässig ist der Geist damit beschäftigt, zu werten, dieses oder jenes für gut oder schlecht, richtig oder falsch zu halten. Wenn alles in Ordnung ist, dann wird er sich irgendwelchen Kleinigkeiten zuwenden. Genauso nörgelt er in der Meditation an der Haltung oder Atmung rum. Er lenkt dich ab und dann kritisiert er dich dafür. Wenn du in dir fest und klar die Gewissheit hast, dass alles so ist wie es ist, weder falsch noch richtig, sondern so, dann verschwindet langsam das wertende und unterscheidende Denken. Nichts muss abgelegt werden, nichts muss erworben werden. Siehst du immer die beiden Seiten, wirst du immer im Zweifel leben. Kannst du die Dualität durchschauen, lösen sich alle Zweifel auf und du kehrst zurück zur Einheit.

2. Denken von Zeit - Wünschen und Wollen

Das Konzept der Zeit wird konstruiert in dem Glauben es sei einmal etwas gewesen, es werde einmal etwas sein oder es sei etwas jetzt. Im Denken von Zeit wäre das, was jetzt ist, vorher eine Zukunft gewesen und wäre gleich schon die Vergangenheit. Demnach gibt es weder Vergangenheit noch Gegenwart und Zukunft. Sie fallen zusammen. Somit entledigen wir uns von dem Konzept, Zeit sei etwas Reales. Alle Wünsche basieren auf dem Irrtum, etwas was jetzt nicht sei, könne durch eine Aktion einmal werden. Wenn wir alle Kraft aufbringen, dann kann es geschehen, dass etwas wird, was vorher nicht war. Wenn es nicht dazu kommt, suchen wir nach einer Schuld; bei uns selbst, bei anderen, den widrigen Umständen oder einem bösen Blick. Trifft das gewünschte Ereignis ein, so ist damit aber nicht Ruhe und Zufriedenheit eingekehrt. Sofort tauchen neue Wünsche auf, wir wollen stets etwas anderes, als das, was ist. Wie soll man dabei glücklich sein?

3. Denken vom ursprünglichen Selbst - das Unbewusste

Das ursprüngliche Selbst liegt nicht an einem fernen Ort und wartet darauf befreit zu werden. Es ist keine von einem Drachen entführte Prinzessin. Es liegt auch nicht in einem Shangrila, dem Jenseits oder in einem der neun Himmel. Wir können jetzt darüber reden und zu klarer intellektueller Einsicht gelangen, dass dem ja nicht so sei. Wir müssen die Gewissheit aber tief in unserem Unbewussten finden. Wenn wir glauben, das ursprüngliche Selbst sei zu erlangen und noch nicht vorhanden, kann es nicht auftauchen. Wenn wir ein Glas mit trübem Wasser haben und es ruhig stehen lassen, dann wird sich der Schmutz absetzen und klares Wasser bleiben. Also ist im Glas das klare Wasser schon enthalten und muss nicht von außerhalb hinzugefügt oder getauscht werden. So ist ursprüngliches Selbst oder der himmlische Geist schon im menschlichen Geist und im Ego enthalten.

4. Denken vom Selbst - das Bewusstsein

Da wir uns von anderen unterscheiden, leben wir in der Vorstellung von einem unabhängigen, individuellen Selbst. Dabei verwechseln wir Selbst mit der Person. Daraus resultiert der Irrtum, man müsse sich ändern, ein anderer Mensch werden, eine übernatürliche Gestalt annehmen wie ein Buddha oder ein Unsterblicher. Die Unsterblichen der chinesischen Mythologie waren normale Menschen und sind auch nicht andere Wesen geworden. Es gibt nicht ein Ideal, welches man verwirklichen muss, sonst würden letztlich alle Menschen gleich werden. Das kann nicht gut gehen.

5. Denken vom Wissen - die Intelligenz

Wir verlassen uns auf die Erfahrung der Praxis. Über die Theorien, die Unterweisungen der Lehrer und die klugen Bücher können wir letztlich nichts gewinnen. Wir bleiben dabei im Spiel gefangen und geben nur vor, etwas zu wissen, haben hingegen die Erfahrung nicht. Wir können über alles reden, über die verschiedenen Schulen und deren Theorien, diese oder jene Praxis, wie man die Hände halten soll oder zu welcher Zeit die Meditation am besten ist.

Zu jeder Zeit ist die Meditation besser als diese Besserwisserei. Den Unterschied zwischen Wissen und Können macht die Praxis, den Unterschied zwischen Können und Meisterschaft macht die Zeit.

Hindernisse auf dem Weg der Entwicklung

Liu Yiming 刘一一明(1734–1821) war ein bedeutender Daoist und Arzt der Qing Dynastie. In seinem Text Tong Guan Wen 通 关文文 „Schrift über die Befreiung von den Hindernissen" nennt er 50 Barrieren auf dem Weg der Entwicklung und Verfeinerung und beschreibt, wie sie überwunden werden. Hier gebe ich nur eine Übersicht wieder. Jeder mag sich selbst seine Gedanken machen.

„Es gibt einen tiefen und gründlichen Weg, die Geheimnisse vollkommen und genau zu besprechen. Aus der Notwendigkeit, sie in Worte zu fassen, habe ich versucht, die letzten Prinzipien zu formulieren. Die inneren Geheimnisse der Höchsten Klarheit sind in der Überwindung und Kultivierung herkömmlichen Denkens zu finden und in der Methode des Goldenen Elixiers, um die Körperlichkeit zu transzendieren. Wissen und Bewusstsein werden durchdrungen und geraten in Vergessenheit. Der tiefe Glaube an Dao und die darin enthaltene Schöpferkraft erwächst. Nur indem man die körperlichen Grenzen in Dao übergehen lässt und den Geist vollkommen leert, können die Fesseln gelöst werden. Sobald die Kultivierung in die Knochen eindringt und das Mark verändert, lösen sich die Schatten auf.

Weder Rede noch Stille können die Feinheit dieser beiden (Körper und Dao) jemals erreichen. Deshalb konnten sie auch nicht von Konfuzius oder Buddha berührt werden.

Auch ich weiß nur so wenig und konnte vielleicht eine Ahnung davon vermitteln."

1. 色色欲关
Das Hindernis der Lust und des sexuellen Verlangens

Es ist das erste und gefährlichste Hindernis. Von allen Übeln ist die sexuelle Lust Nummer eins. Gemeint ist nicht, der Sexualität gänzlich zu entsagen, jedoch nicht ständig nach ihren Reizen zu suchen.

> *Begehrenswertes nicht betrachten,*
> *und die Herzen werden nicht verwirrt.*

Dao De Jing Kap. 3

2. 恩爱关
Das Hindernis der leidenschaftlichen Liebe

Deine Liebe, sei sie die Liebe zu einem Menschen oder zu einer anderen Erscheinung in deinem Leben, soll ohne Obsession und ohne große Leidenschaft auskommen.

3. 荣贵关
Das Hindernis von Ruhm und Ansehen

Ruhm und Ansehen können überheblich machen und verderben. Schon in alten Zeiten legten die Weisen mehr Wert auf dieEntwicklung des Dao und nicht darauf, berühmt zu werden.

4. 财利关

Das Hindernis von Wohlstand und Profit

Halte dich fern von der Gier nach Geld und Vorteilsnahme. Sorge für deinen Lebensunterhalt aber verlange nicht nach mehr, als du brauchst.

5. 穷困关

Das Hindernis der Bedürftigkeit

Man kann unter allen Umständen seine Entwicklung fortsetzen, doch soll man die Bedürftigkeit und Bedrängnis meiden, um nicht in Schwierigkeiten zu geraten.

6. 色色身身关

Das Hindernis der körperlichen Qualität

Lege nicht übermäßigen Wert auf die Beschaffenheit deines physischen Körpers. Pflege ihn, aber vergiss darüber nicht den spirituellen Körper, den wahren Körper 真身. *Zhuang Zi sagte: „Die Menschen dieser Welt denken, ihren Körper zu ernähren reiche aus, um das Leben zu erhalten. Wenn aber die Nahrung nicht reicht, um das Leben zu erhalten, was kann dann Ausreichendes getan werden?"*

7. 傲气气关

Das Hindernis der Überheblichkeit

> *„Darum ergreift der Weise das Eine und wird dem Volke Vorbild*
> *weil er nicht im Licht steht leuchtet er*
> *weil er sich nicht wichtig nimmt hat er Gewicht*

weil er dient hat er Verdienst
weil er folgt hat er Erfolg
weil er nicht streitet ist er unumstritten"

Dao De Jing Kap. 22

8. 嫉妒关
Das Hindernis von Eifersucht und Neid

Halte Dein Herz frei von Eifersucht. Warum glaubst du besitzen zu müssen, was andere besitzen? Dann müsstest du doch alles besitzen wollen. Wo soll das hinführen? Fülle dein Herz mit liebevoller Freundlichkeit anderen gegenüber. Wie das Herz eines Weisen, mache es wie die Weisen

9. 暴躁关
Das Hindernis von Jähzorn und Hitzigkeit

Jähzornig aufbrausen, schimpfen und fluchen sind viel schädigender als man glaubt. Der ursprüngliche Geist verlässt seinen Platz im Leib, doch die Hitze brennt im Körper, die Essenz Jing und das Yuan Qi verstreuen sich, die drei Schätze Essenz, Atem und Geist werden verschwendet.

10. 口口舌舌关
Das Hindernis von Rede und Gegenrede

Denk, bevor du sprichst. Rede voll Respekt und Freundlichkeit. Kultiviere deine Sprache. Die Zunge ist die Erweiterung des Herzens. Die Art in der man spricht und schreibt, gibt Aufschluss über das Herz (Geist). Wenn die

Zunge (Sprache) nicht freundlich und redlich ist, dann bedeutet es, dass auch der Herz-Geist nicht redlich und freundlich ist. In dem Fall lässt sich schwerlich eine Verfeinerung erreichen. Eines der Daoistischen Gebote über die Rede lautet:

> „Äußere dich nicht mit schlechten Worten oder einer blumigen Sprache.
> Sei gerade heraus, innerlich wie äußerlich.
> Mäßige dich."

11. 瞋恨关

Das Hindernis von Hass

Egoismus, Neid, Ärger, Armut, Unsicherheit, Intoleranz, Rivalitäten - all das kann Hass erzeugen. Verwirrte Menschen wissen nicht, wie sehr der Hass ihr Leben zerstören kann. Lasse niemals Hass in dein Herz einkehren, Hass mindert Geist und Energie.

12. 人人我关

Das Hindernis der Unterscheidung zwischen mir und den anderen

Denk zunächst an andere und stell dich selbst zurück. Sich der äußeren Welt gewahr sein gibt der Entwicklung Macht. Betrachte die unzähligen Erscheinungen als ein Ganzes, sieh die Menschheit als eine Familie. Das Glück der anderen wird zum eigenen Glück.

13. 冷热关
Das Hindernis von Kälte und Hitze
Das Wetter ist kein Grund, die Entwicklung hintan zu stellen.

14. 懒惰关
Das Hindernis der Trägheit
Wer faul wird und die harte Arbeit scheut, wer nur auf Vergnügen und Bequemlichkeit aus ist, dessen Entwicklung wird unterbrochen. Man soll ständig aktiv sein, nicht nur für sich selbst, sondern auch anderen Menschen Gutes tun. Brücken und Straßen bauen, Kräuter und Tee sammeln, Schulen eröffnen, die Alten pflegen und die Bedürftigen schützen. Tag für Tag, Stunde um Stunde und damit inneren Verdienst ansammeln.

15. 才智关
Das Hindernis der Fertigkeiten und Klugheit
Warum sollte man seine Kraft und Zeit vergeuden für unnützes und falsches Wissen, für Fertigkeiten, die nur dazu geeignet sind für sich selbst Gewinn und Ruhm zu erwerben. Wozu sich in unnützen Wettstreit begeben, nur um dem Ego zu schmeicheln. Das ist nicht das ursprüngliche Wissen, welches zur Entwicklung führt.

16. 任性关
Das Hindernis des Eigensinns

Hält man sich selbst für unfehlbar und lässt andere Ansichten nicht gelten, gerät man leicht in die Falle der Eigenwilligkeit, des Starrsinns und der Willkür. Immer wieder kommen wir zu einer der wichtigsten Regeln im Daoismus: Stell dich selbst zurück und sei für die anderen da.

> „So habe ich drei Schätze
> halte und beschütze sie
> der erste heißt gutmütig
> der zweite heißt einfach
> der dritte heißt nicht wagen sich über die Welt zu stellen."

Dao De Jing Kap. 67

17. 患难关
Das Hindernis von Leid und Not

Wer sich sorgt und davor fürchtet, Not zu leiden, krank zu werden und in Schwierigkeiten zu geraten, dessen Trachten und Denken wird wankelmütig, was ihn noch mehr in Probleme stürzt. Steckt man in Schwierigkeiten, dann sucht man eine sanfte und angemessene Lösung.

> „In Bedrängnis
> Der Weise erfüllt das Schicksal
> und folgt seinem Willen"

Yi Jing 47

18. 诡诈关
Das Hindernis von Arglist und Täuschung

Sich oder andere zu belügen ist nicht gut für die Entwicklung. Aufrichtigkeit kann Himmel und Erde bewegen, die Geister und Götter erreichen und jedermanns Herz berühren. Aufrichtigkeit ist der Weg zur Entwicklung.

19. 猜议关

Das Hindernis von Raten und Meinen

Vorgebliche Klugheit, Schläue und Cleverness, das ganze Spektrum des Expertentums, Menschen, die vorgeben alles zu wissen und immer recht zu haben - das ist ein gewaltiges Hindernis in der Entwicklung.

> *„Es gibt verwirrte Menschen in dieser Welt, die mit dem Schimmern eines Leuchtkäfers versuchen, das Himmelszelt zu erleuchten. Sie erkennen nicht die unendliche Tiefe der Weisheit."*

Einen klar denkenden Lehrer zu finden ist wahres Glück.

20. 悬虚关

Das Hindernis des Mystizismus

Sind Verständnis und Praxis nicht tiefgreifend, dann entsteht mystisches Denken. Anfänger auf dem Weg der Entwicklung haben einen Hang zu übereifriger Faszination, sie suchen das Besondere, übernatürliche Fähigkeiten und mystische Erscheinungen. Damit verderben sie sich die eigene Kultivierung.

21. 妄想关
Das Hindernis der Chimären

Das sind jene, die vorgeben an der Entwicklung zu arbeiten und Dao zu folgen aber tatsächlich keinerlei Bemühungen machen und nur hinter gutem Essen, schönen Kleidern und einem bequemen Leben her sind. Sie geraten leicht in die Falle der Chimären. Indem man die eigentliche Übung ständig aufschiebt, sich zwar mit den Texten über die Verfeinerung beschäftigt, aber nicht praktiziert, erliegt man einem Trugbild.

22. 生生死关
Das Hindernis von Leben und Tod

Es gibt ein chinesisches Sprichwort:

> „Sie haben noch nicht das Leben verstanden, aber sie fürchten sich vor dem Tod."

Mach deinen Geist vollkommen frei von Sorgen um den Tod. Kümmere dich um deine Entwicklung und sei aktiv in deinem Leben und bleibe immer mit Dao verbunden.

23. 自自满关
Das Hindernis der Selbstgefälligkeit

Eitelkeit und Hochmut führt zu Interesselosigkeit, vermindert die Sicht auf das eigene Verhalten und genauso auf die Welt. Alles wird dem Selbst untergeordnet. Eine Entwicklung kann nicht stattfinden. Hat man eine zu geringe Einschätzung der eigenen Wichtigkeit, hilft es, den Herz-Geist zu erden und das Qi zum Dan Tian zu führen. Das Buch der Wandlungen behandelt Demut und Hingabe.

24. 畏难关
Das Hindernis der Furcht vor Problemen

Es gibt ein Sprichwort: Nichts in der Welt ist schwierig, nur für jene Menschen, die Furcht im Herzen tragen. Widmet man sich der Entwicklung, so darf man nicht daran denken, ob dadurch Probleme entstehen können. Denn dann kann man sich nicht der Entwicklung zuwenden, weil das Herz bei Problemen verweilt, die noch nicht aufgetreten sind. So ist kein Fortschritt zu erreichen.

25. 轻慢关
Das Hindernis des langsamen Fortschritts

Entwicklung braucht ihre Zeit und es ist vergleichbar dem Besteigen eines Berges. Man muss jeden Schritt sorgfältig und aufmerksam setzen. Deshalb soll ein Nachfolger des Dao zunächst Respekt und Verständnis für den Weg erwerben. Die Entwicklung des Dao kommt aus sich selbst heraus.

26. 懦弱关
Das Hindernis der Schwäche

Fehlt das klare Ziel, der Wille und der Mut, dann gerät man in die Falle der Kraftlosigkeit, der Schwäche. Man verliert den Antrieb, zögert, unterbricht die Übung, verfällt in Selbstmitleid, Niedergeschlagenheit und Trägheit.

27. 不久关
Das Hindernis mangelnder Ausdauer

Der Mangel an Beharrlichkeit ist oftmals begründet in der zuvor genannten Schwäche. Es fehlt die innere Festigkeit, der Wille und die Geduld. Mit regelmäßiger Meditation wird aber die Stabilität hergestellt und Geduld ergibt sich von selbst. Dann wächst auch die Ausdauer. Wie im Yi Jing gesagt wird:

> „Pflege Ausdauer und Beständigkeit.“

28. 暴弃关
Das Hindernis der Selbstverleugnung

Jene die sich selbst aufgeben, ihr Leben wegwerfen und sich zerstören, haben kein Verständnis von Entwicklung. Sie verstricken sich immer mehr in gefährliche Unternehmungen oder sie unterwerfen sich der Führung gewissenloser Ausbeuter. „Die sich selbst Gewalt antun, mit denen ist nicht zu reden.“ sagt Menzius, „Die sich weggeworfen haben, für die kann man nichts mehr tun.“

29. 累债关
Das Hindernis angehäufter Schuld

Ganz gleich ob es finanzielle Schulden sind oder ungelöste Beziehungsprobleme, ob durch Korruption oder Vorteilsnahme ungerechtfertigt angesammelte Güter. Solange die Schulden nicht abgetragen sind, wird die Entwicklung stocken. Das alles muss geklärt sein.

30. 高高大大关
Das Hindernis der Großmannssucht

Wer sich selbst erhöht, der wird erniedrigt werden. Wer sich auf die Zehen stellt, steht nicht fest. Wer besser sein will als andere, wird sich nicht wirklich entwickeln. Da mag er auf dem Siegerpodest stehen, aber in seinem Inneren kein Glück empfinden.

31. 妆饰关
Das Hindernis der Formen und Ornamente

Äußere Formen und schmückende Ornamente sind nichts Schlechtes, doch wenn die Aufmerksamkeit einzig darauf gerichtet ist, verliert man den Sinn fürs Wesentliche. Die Einfachheit des unbehauenen Klotz, der schlichte Baumwollkittel haben für den Alltag zu genügen.

32. 假知关
Das Hindernis des falschen Verständnisses

Es gibt verwirrte Menschen, die Entwicklung nicht verstanden haben, jedoch absichtlich oder unabsichtlich die Unwahrheit sagen und andere in die Irre führen. Die Verfeinerung ist ein langer und langsamer Vorgang. Wenn ein wenig sichtbar wird, glauben manche, sie hätten alles verstanden und könnten anderen Menschen den Weg zeigen. Tatsächlich geben sie die eigene Entwicklung auf und täuschen andere, die guten Glaubens sind. Wenn ein Blinder den anderen führt, so fallen sie beide in die Grube.

33. 阴恶关

Das Hindernis der versteckten Übel

Alle Menschen sind verschieden und haben ein unterschiedliches Verständnis vom Lebensweg. Deshalb werden viele nicht mit dir übereinstimmen. Wenn einige aus Unverständnis sich über dich lustig machen oder dich sogar beschimpfen, solltest du ihnen gegenüber keine versteckten negativen Gedanken hegen. Wie solltest du sonst in deiner Entwicklung fortfahren können? Wie auch immer dir die Menschen begegnen, bleibe friedfertig in deinem Herzen und freundlich. Das ist der Weg, dieses Hindernis zu überwinden.

34. 贪酒关

Das Hindernis von Rausch und Trunksucht

Es gehört zu einer der wichtigsten Regeln der Daoistischen Lebensführung, keine berauschenden Mittel zu sich zu nehmen. Kein Alkohol, keine Kräuter, keine Pilze. Die einzige Ausnahme darf sein, wenn ein wenig aus gesundheitlichen Gründen wie eine Medizin eingenommen wird. Es sollte auf keinen Fall zur Gewohnheit werden.

35. 怕苦关

Das Hindernis der Angst vor Not und Entbehrung

Ganz gleich wie schwierig eine Situation sein kann, man hat immer die Kraft, die Probleme zu überwinden. Angst vor der Not ändert nichts, im Gegenteil. Im Fortgang der Entwicklung und der Befreiung des Geistes lernt man zu erkennen, dass alle Probleme lösbar sind.

36. 不信关
Das Hindernis des Unglaubens

Der Glaube kann Berge versetzen. Hat man den rechten Glauben nicht, dann gerät man in Zweifel, geht ein paar Schritte und bleibt wieder stehen. Oder man hält es für kompletten Unsinn und macht sich darüber lustig. Man hat zumindest einen Spaß, doch der Entwicklung ist es kaum dienlich.

37. 无无主关
Das Hindernis keinen Meister zu haben

Ohne einen Lehrer ist es schwer, die Entwicklung des Dao voranzubringen. Autodidakten finden vielfach nicht das richtige Verständnis der Übungen, bleiben in Äußerlichem stecken oder entwickeln wirre Gedanken. Es entstehen Aberglauben und ständig wechselnde Ansichten, da kein fester Punkt verankert ist. Sie vergeuden ihre Zeit, indem sie entweder ständig neues ausprobieren oder sich in etwas verbohren, was sie nicht verstanden haben.

38. 速效关
Das Hindernis des schnellen Erfolgs

Die Entwicklung braucht Zeit, Methode, Fleiß und Ausdauer. Wer ungeduldig heran geht gleicht dem Knaben, der an einem Setzling zupft, um das Wachstum zu beschleunigen. Irgendwann kommt die Wurzel aus der Erde und die Pflanze geht ein.

39. 粗心心关
Das Hindernis von Fahrlässigkeit und Unachtsamkeit

Man kann sagen, dass eine oberflächliche Herangehensweise nichts mit Kultivierung zu tun hat. Es ist das genaue Gegenteil davon. Entwicklung fordert Achtsamkeit.

> „Abschweifende Gedanken verschwinden durch Selbstzucht, und mühelos wächst die angeborene Güte Tag für Tag an, ohne dass du darum weißt, und so verdoppelt sich dein Verdienst."

Yi Jing

40. 虚度关
Das Hindernis der vergeudeten Zeit

Wenn man sich mit unnützen Dingen beschäftigt und damit seine Zeit vertreibt, erreicht man Dao nicht. Man vergisst darüber die Wichtigkeit der Entwicklung. Tage, Wochen und Jahre vergehen, ohne dass man sein Glück findet. Dabei könnte es so einfach sein.

41. 退志关
Das Hindernis des schwachen Willens

Wer einen starken Willen hat, ganz gleich wie alt, der kann Dao erreichen. Doch wer einen schwachen Willen hat, mag er auch jung sein, findet den Weg nie. Deshalb soll man sich alle aufgeführten Punkte immer wieder vor Augen halten, seinen Willen kräftigen indem man regelmäßig praktiziert. Ein einziger Gedanke, der in die Irre führt, kann endloses Leiden bringen.

42. 夸扬关
Das Hindernis der Prahlerei

> Wenige Worte wahren den Ursprung
> wirbelnde Winde währen keinen Morgen
> Wolkengüsse währen keinen Tag

Dao De Jing Kap. 23

43. 幻景关
Das Hindernis der Täuschung

Auf dem langen Weg der inneren Entwicklung kann man die unterschiedlichsten Erfahrungen machen. Man begegnet spirituellen Phänomenen, die den Eindruck erwecken, man sei nun sehr weit entwickelt. Oft sind sie nur von kurzer Dauer, weswegen man nicht der Versuchung erliegen soll, sich daran zu klammern. Wer glaubt, in seinen Bemühungen nachlassen zu können, der ist dem Hindernis der Täuschung erlegen.

44. 耻辱关
Das Hindernis von Scham und Schande

Menschen, die von Dao keine Ahnung haben, die nicht verstehen, wovon man redet und was man anstrebt, können in ihrer Unwissenheit beschämende oder beleidigende Reden schwingen. Davon sollte man sich nicht berühren *lassen. Besser, man gibt sich nicht weiter mit ihnen ab. Auch wenn sie nicht fähig sind, dich zu akzeptieren und dein Tun zu tolerieren, solltest du fest wie ein Berg stehen und tief wie ein See alles aufnehmen.*

45. 因果关

Das Hindernis von Ursache und Wirkung

Du wirst ernten was du säst. Um des eigenen Vorteils willen soll kein anderer leiden müssen. Gegen alle Vernunft handeln, vor nichts Halt machen und Schlechtes tun, das kann nicht der Entwicklung zuträglich sein. Glück und Unglück werden von den Menschen selbst geschaffen. Oder, wie das Sprichwort sagt:
„Wie man in den Wald hineinruft, so schallt es heraus."

46. 书魔关

Das Hindernis der Buchgläubigkeit

Nur vom Lesen kluger Schriften lässt sich die Verfeinerung nicht erreichen. Im Gegenteil werden die meisten Bücher nur die Verwirrung fördern, oder den Leser verleiten, von seiner Übung abzulassen. Ohne einen erfahrenen Lehrer, der um Rat gefragt werden kann, der seine Schüler kennt und ein klares Verständnis für ihre Entwicklung aufweist, verfällt man der Buchgläubigkeit und verpasst den Weg.

47. 着空关

Das Hindernis der Vereinsamung

*Suchst du nach Leere und glaubst, dazu in die Einsamkeit
zu müssen, an einen Platz in den weiten Bergen, weit weg
von der Gesellschaft anderer Menschen, getrennt von Frau
und Kindern, im Glauben, besser zu sein als die anderen,
der gerät in die Falle der Einsamkeit. Leere ist nicht Verein-
samung. Man kann mitten in der Welt stehend Dao realisieren.
Die Entwicklung ist nicht abhängig von einer Umgebung.*

48. 执相关
Das Hindernis der Neulust
*Manche greifen gerne nach allem, was neu ist, jeder Mode,
jeder Tendenz. Auch in den Daoistischen Lehren gibt es
immer wieder neue Interpretationen. Meist sind es nur
kurze Blüten, die keine Früchte tragen und auch nicht
aus jeder Frucht, wird ein neuer Baum. So kann man es
sehen und jenen überlassen, die sich damit die Zeit vertreiben wollen. Selber soll man sich an der Mitte halten
und die Wurzeln nicht vergessen.*

49. 闺丹关
Das Hindernis des weiblichen Elixiers
*Jene, die irrgläubig verblendeten Lehrern folgen, welche
behaupten, mit sexuellen Praktiken könne man Dao entwickeln, machen sich hundertfach zu Narren. Tatsächlich sind
sie schmutzig, schamlos, verdorben und dumm. Ihre Praktiken, im Samen die Essenz zurück zu halten, um das
Gehirn zu nähren (*还精补脑*), haben nichts zu tun mit
Daoistischer Verfeinerung.*

50. 炉火火关

Das Hindernis des Feuerofens

Die Entwicklung und das Erlangen von Dao haben nichts zu tun mit äußerer Alchemie Wai Dan 外丹. Man braucht keine Elixiere, gekochte Mineralien und Kräutermischungen um die Unsterblichkeit zu erlangen. Der Weg ist ein innerer Prozess, von Sima Cheng Zhen getreulich beschrieben.

Wu Wang Die Unfehlbarkeit

Yi Jing Kap. 25

Da das himmlische Herz unfehlbar zurückkehrt, gibt es Aufrichtigkeit. Handelst du aufrichtig allein im Hinblick auf den Himmel, so ist dies die Gnade der Ursprünglichkeit. Handle und handle doch nicht. Bewege dich und bewege dich doch nicht. Dann vereinigt sich auf natürliche Weise ursprüngliche Gnade mit förderlicher Hingabe. Das ist das Muster des Himmels, wie es der menschlichen Natur eingeprägt ist.

Schwinge mit allen Dingen mit, und dein Herz wird überall hinreichen; so gibt es ursprüngliche Gnade. Es gibt kein Gehen, das nicht zurückkehrt; alle Handlungen führen daher zur Gelassenheit förderlicher Hingabe. Ist die menschliche Natur im Einklang mit dem himmlischen Muster, vereinigen sie sich in der Tugend der Unfehlbarkeit. Tritt jedoch das Herz dazwischen und möchte gut und unfehlbar sein, ist das nicht ganz vollkommen, und es gibt eine Abweichung. Entstehen üble Gedanken und zwingst du dich dazu, sie zu unterdrücken, so benutzt du den Geist, um das Herz zu beherrschen; und selbst wenn du dich für unfehlbar hältst, liegt darin doch das Unglück der menschlichen Natur. Um unfehlbar zu sein, musst du die Mitte in dir finden. Weißt du, dass schlechtes Handeln unrecht ist, und lässt du dein Herz dennoch nach Dingen jagen und schwankst hin und her, im Versuch, unfehlbar zu sein, so ist am Ende nichts förderlich.

Für den Himmel ist es leicht, unfehlbar zu sein, doch es ist schwer für die Menschen, mit Ausnahme derer, die ihre selbstsüchtigen Wünsche völlig aufgeben können und zu ihrer wahren Natur zurückkehren. Dann setzt sich der WEG durch, und du bewegst dich selbstlos im Einklang mit dem Himmel. Ruhe schadet nicht, und bewegt man sich, ohne zu handeln, erlangt man die Tugend der Unfehlbarkeit. Der Unterschied zwischen Recht und Unrecht ist sehr fein. Es gilt, sorgfältig zu unterscheiden.

坐 忘 論　Sitzen in Vergessenheit

Vorwort der Eremitin Jing Zhen

Als Himmel und Erde sich zum ersten Mal trennten und die drei Kräfte ihre Plätze einnahmen, war der Platz der Menschheit in der Mitte zwischen Himmel und Erde und die fünf Qi formten sich und gaben ihnen eine körperliche Form. Deshalb konnten sie lange leben. Später jedoch verloren sie den Blick für ihre innere Natur. Sie hoben sich über ihren Geist, beengten ihr Qi und verschwendeten ihre Essenzen. Aus diesen Gründen verloren sie ihre harmonischen Beziehungen zu Himmel und Erde. Sie waren sogar damit einverstanden ihre Lebensspanne zu verkürzen, ja sie liebten es. Es schmerzt mich dieser Zustand immerzu.

Im Yijing heißt es: *„Dringt man ein in die Ordnung des Universums und versteht seine innere Natur, dann kann man seine Bestimmung erfüllen."*

Im Dao De Jing steht: *„Der Weise auch folgt dem Bauch statt dem Aug."* und ebenfalls: *„Ohne Verlangen offenbart sich das Geheime."*

Im Lunyu wird geschrieben: *„Vier Dinge hat der Meister gemieden: Er nahm nichts als gegeben, er war nie zu positiv, nie eigensinnig und nie egoistisch."*

Mengzi sagte: *„Die innere Natur des Menschen ist gut.“* und weiter: *„Ich beeile mich, mein fließendes Qi zu nähren.“*

Alle diese Aussagen zeigen, wie wichtig die innere Natur und die ursprüngliche Bestimmung sind.

Nachdem wir also die Bücher aus dem Regal geholt und befragt haben, schau ich mir das *Zuowang Lun* an, wie es mir überliefert ist von Meister Zhengyi der Tang Zeit, bestehend aus sieben Kapiteln und einem Anhang. Man muss schon sagen, das Verständnis und die Betrachtungsweise des Autors sind außerordentlich. Sehr anschaulich klärt er uns über DAO auf. Zunächst führt er den Leser zum nötigen „Achtung und Vertrauen“, um dessen Geist aus der Verwirrung zu leiten. Dann lässt er ihn die karmischen Bedingungen durchbrechen, das Denken zähmen und sich von den Leidenschaften befreien, so dass er gelassen und erhellt folgen kann. Im nächsten Schritt der vollkommenen Betrachtung von Innerem und Äußerem, Seiendem und Nicht- Seiendem, kann er in die Beständigkeit kosmischen Friedens eintreten. Das wird „DAO erlangen“ genannt.

Wir reden hier von Sitzen in Vergessenheit und wie der Autor den Leser Schritt für Schritt dorthin führt, zu vollkommener Vergessenheit. Für gewöhnlich meint dies nichts anderes als den Zustand ohne Objekt und ohne Subjekt, einen Zustand, in dem nicht der kleinste Gedanke auftaucht. Ganz klar wird schon im Kapitel über Achtung und Vertrauen gesagt: „Nach innen seine Körperlichkeit vergessen und nach außen nichts von einem Universum wissen.

In Einheit verschmelzen mit DAO und die unzähligen Über-legungen und Sorgen verschwinden."

In sorgfältiger Wahl und Anordnung der Wörter vermei-det der Autor Widersprüche und Nachlässigkeit. Ja, äußerst sorgfältig und feinfühlig stellt er die Verbindung her zum Sitzen in Vergessenheit. Aus sich selbst führen und schüt-zen sich Geist und Qi gegenseitig, sie halten die hundert Blutbahnen feucht und geschmeidig und die Drei Tore frei und offen. So lässt sich das himmlische Yang im Körperbe-wusstsein nieder, das unmittelbare DAO langen Lebens und des ewig Gültigen. Hoch geehrte unsterbliche Geister der alten Zeiten und der Gegenwart sind entsetzt, dass die Menschen dieser Welt davon nichts wissen wollen und fühlen sich verpflichtet, es laut zu verkünden. Jene, die DAO studieren, sollen dies in Ruhe abwägen und besonnen ihre Worte wählen, nach ebenso ernsthafter Praxis. Nie-mals sollten sie es als läppischen Dreck und Plunder alter Männer bezeichnen und damit nur ihr eigenes Versagen bespötteln.

Im Jahre Dingwei (767), am 9. Tag des 9. Monats, als der Text in Holz geschnitten wurde, schrieb die Einsiedlerin Jing Zhen voller Respekt dieses Vorwort.

Der Holzschnitt, als die älteste Drucktechnik, wurde in China entwickelt. Vorläufer waren geschnittene Stempel zur Reproduktion daoistischer und buddhistischer Bilder, Stempel zum Stoffdruck und auch der Reliefschnitt steiner-ner Stelen. Grundbedingung war die Entwicklung des Pa-

piers, die auf das Jahr 105 datiert wird, als der Hofbeamte Ts'ai Lun dem Kaiser das Papier vorstellte, das er aufbauend auf frühere Herstellungstechniken entscheidend verbessert hatte.

Die eigentliche Geburt der Druckkunst liegt in der Tangzeit (618- 907), vermutlich im 8. Jahrhundert. Eine Vorläuferin war die Technik der Steinabreibung, die sich im 7. Jahrhundert oder früher entwickelte, wobei ein feuchtes Papier über ein Steinrelief aufgebürstet wurde und in trockenem Zustand mit einem Tampon und Tusche eingefärbt wurde. Im Holzschnitt wurden Abzüge von eingefärbten Holzstöcken abgenommen, indem ein Papier mit einer Bürste darauf abgerieben wurde. Der erste eindeutig datierbare Holzschnitt ist das „Diamant-Sutra". Es wird auf 868 n. Chr. datiert und ist technisch bereits so gut entwickelt, dass man die Anfänge der Holzschnitttechnik weitaus früher einordnen muss.[*]

Lange vor der Erfindung des Papiers nutzte man in China andere Materialien wie Stein, Bronze, Knochen oder Muscheln, um Informationen schriftlich zu fixieren. Historische Aufzeichnungen lassen vermuten, dass bereits seit dem 21. Jahrhundert v. Chr. Holz- oder Bambustäfelchen als Beschreibstoff Verwendung fanden. Mit Hanf- oder Seidenschnüren verband man diese zu langen, roll- oder faltbaren Tafeln und so entstanden – um das 6. Jahrhundert v. Z. – erste frühe Formen des Buches. Die Herstellung dieser pflanzlichen Schriftträger, auch „Jian Ce" oder „Jian Du"

---

[*] http://www.buecher-wiki.de/index.php/BuecherWiki/Holzschnitt

genannt, war sehr aufwendig. Der Bambus musste entrindet, in Täfelchen geschnitten und über Feuer getrocknet werden, um eine lange Haltbarkeit zu erreichen.[*]

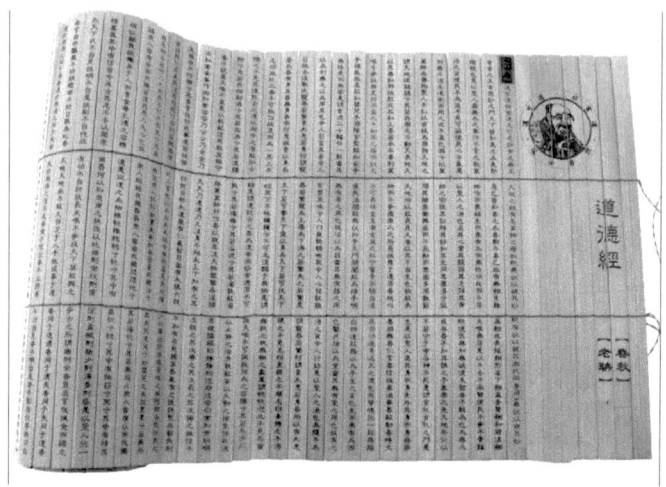

Das Dao De Jing in Form eines Bambus-Buchs (modernes Souvenir).

---

[*] Deutsches Buch- und Schriftmuseum der Deutschen Nationalbibliothek Leipzig

Vorwort des Autors Sima Cheng Zhen

Die Menschen schätzen das Leben und das Leben schätzt DAO. Menschen bewegen sich im DAO wie Fische im Wasser. Fische in einem trockenen Bachlauf verlangt es nach Wasser, so wie Menschen, die ihre innere Heimat verloren haben, unbewusst zum DAO streben. Sie hassen die Leiden von Leben und Tod, doch sie lieben die Lebendigkeit. Sie ehren Worte des DAO und deren Wahrheiten, doch sie leben nicht danach. Erfreut an Farben und Düften glauben sie ihre Ziele zu erreichen, verachten Ruhe und Schlichtheit, ja sie halten diese für Schmach und Schande. Sie erschöpfen sich selbst für unerreichbare Güter, verzocken den Reichtum ihres zukünftigen Lebens. Lassen den Leidenschaften die Zügel schießen, womit sie das DAO ihres körperlichen Seins vergeuden. Sie halten sich selbst für geschickt und klug, aber tatsächlich leben sie in einem Traum, in einer puren Illusion. Sie kommen mit dem Leben und gehen mit dem Tod, drehen das Rad für Millionen Kalpas. Man kann sie nicht anders als verdreht nennen. Gibt es irgendetwas Lächerlicheres?

Wie das Miaozhen Jing 妙真經 (Buch von der Wunderbaren Wahrhaftigkeit) sagt:

> *Die Menschen verlieren ständig Dao, aber Dao verliert sie nie. Die Lebenskraft nähren bedeutet demnach, sich hüten Dao zu verlieren. Dao üben bedeutet demnach, sich zu hüten das Leben zu verlieren. So können Dao und Leben sich gegenseitig schützen und bewahren und man achtet ihren Zusammenhalt. Auf diese Weise kann man lange leben.*

Was hier „lange leben" genannt wird, bedeutet die materiellen Grundlagen des DAO zu erreichen.

Weiter heißt es:

> *Leben ist die große Kraft des Himmels, die große Freude der Erde und das große Glück der Menschen. Wenn ein Nachfolger der Tugend dies erreicht, so ist es nicht lediglich eine Frage des Zufalls. Denn mein Leben ist meines und nicht vom Himmel abhängig.*

So gesehen hängt die Länge des Lebens von einem selbst ab, es ist weder ein Geschenk des Himmels noch kann es einem von anderen genommen werden. Horche ich in mein Herz, muss ich gestehen, es ist spät und die Zeit kann nicht aufgehalten werden. Ich bedaure die kurzen „Jahre des morgendlichen Pilzes" (wie sie in einer Passage bei Zhuang Zi erwähnt werden), nun bin ich schon über die Fünfzig. Immer noch nicht habe ich die wichtigsten Schritte der Rückkehr zum DAO gemeistert. Die Zeit schmilzt dahin wie eine brennende Kerze, weshalb ich mich beeilt habe in den alten Texten Passagen einfacher Sprache und klarer Bedeutung zu finden, die leicht auszuführen seien und meiner seelischen Krankheit angemessen. So habe ich ein knappes Traktat verfasst über die Beruhigung des Geistes und das Sitzen in Vergessenheit. Es ist in sieben Kapitel unterteilt, die schrittweise die Kultivierung des DAO erläutern. Im Anhang führe ich die einzelnen Methoden auf.

1 Achtung und Vertrauen

Vertrauen ist die Wurzel des Dao, Achtung ist der Stamm der innewohnenden Kraft. Geht die Wurzel tief, kann Dao hoch wachsen, ist der Stamm stark, kann sich die Kraft entfalten. Glänzte auch Bian Hes Jade im Wert von 15 Städten, so wurde er doch gestraft und verlor seine Füße. Wu Zixu wollte zwar mit seinem Plan dem Staate Wu dienen und wurde dennoch hingerichtet.

In der Zeit der Frühlings- und Herbstanalen fand ein gewisser Bian He einen rohen Jadestein am Berg Chu*. Er erkannte, dass es sich um eine besondere und seltene Jade handelte und entschied diesen Stein dem Herrscher Chuli zu übergeben, um diesem seine Loyalität zu beweisen. Zu seinem Unglück jedoch wurde die Jade vom höfischen Juwelier als ein einfaches Gestein klassifiziert, worüber der Herrscher in Zorn geriet und Bian He wegen seiner Vermessenheit den linken Fuß abhacken ließ.

Als der neue Herrscher Chuwu den Thron bestieg, entschied sich Bian He, diesem den Jadestein zu übergeben, um seine Situation wieder zu klären. Der neue Herrscher ließ den Stein ebenfalls von einem Experten prüfen, welcher auch zu dem Ergebnis kam, es handele sich um plumpes Gestein, was Bian He den anderen Fuß kostete.

---

* Das Königreich Chu 楚 existierte während der Zhou Dynastie von 1030 bis 223 v.u.Z. im Yangzi Tal, in Teilen der heutigen Provinzen Hubei und Hunan.

Nachdem auch Chuwu gestorben war und Prinz Chuwen zum neuen Herrscher wurde, glaubte Bian He, einen Hoffnungsschimmer zu sehen, um seine reinen Absichten beweisen zu können. Als er aber genauer darüber nachdachte, was ihm widerfahren war, überkam ihn eine dermaßen große Traurigkeit, dass er tagelang weinen musste. Sogar Blut kam aus seinen Augen, als er sich so sein Herz erleichterte. Dies kam dem neuen Herrscher zu Ohren und er ließ Bian He zu sich bringen. Bian He rief aus: „Sagen wir doch wie es ist. Warum nur wurde eine reine Jade wieder und wieder als ein wertloses Stück Stein bezeichnet? Warum wurde einem loyalen Menschen nicht vertraut?"

Der Herrscher Chuwen war berührt von Bian Hes Rede und bestimmte, den Stein aufzuschneiden, um ihn einer genaueren Prüfung zu unterziehen. Zum Erstaunen aller fand sich in dem rohen Stein eine sanft schimmernde, durchscheinende Jade. Der Stein wurde sorgfältig zugeschnitten und poliert. Der Stein wurde unter dem Namen seines Finders und Stifters bekannt. So wurde „die Jade des He" zu einem Synonym für etwas außergewöhnlich, aber nicht offensichtlich Wertvollem.

Damit ist aber unsere Geschichte noch nicht zu Ende.
Die Jadescheibe wurde irgendwann den Chu gestohlen und an die Zhao* verkauft. 283 v.u.Z bot der König Zhaoxang aus dem Herrscherhaus der Qin 15 Städte an die Zhao für diese Jadescheibe, woher die chinesische Redewendung „Soviel wert wie 15 Städte" kommt.

---

* Zhao war einer der sieben mächtigen Staaten während der Periode der Streitenden Reiche 476 - 221. v.u.Z

Später, als die Qin die anderen Staaten unterworfen hatten und die erste Vereinigung Chinas unter Qin Shi Huangdi stattfand, wurde Hes Jade zum staatlichen Siegel umgearbeitet. Die Worte „Mit dem Mandat des Himmels möge (dem Kaiser) ein langes und reiches Leben beschert sein" wurden in den Stein geschnitten.

Das Siegel wurde von Generation zu Generation, von Dynastie zu Dynastie weitergegeben, ging aber zwischen der Tang und Ming verloren.

Nun zu Wu Zixu, der ebenfalls im Text erwähnt wird.

Als im Jahre 484 v.u.Z. König Fu Chai aus dem Staate Wu seine Armee gegen den Staat Qi schicken wollte, waren seine Ratgeber davon begeistert, außer Wu Zixu. Der war der Meinung, die wahren Feinde des Staates seien die Yue, und sollten deshalb zuerst angegriffen und erobert werden. Der König lehnte diesen Gedanken ab und schickte Wu Zixu mit einer diplomatischen Mission in den Staat Qi. Wu Zixu gab seinen Sohn in die Obhut einer Familie Bao aus Qi. Deshalb verdächtigte ihn der König einer Kollaboration mit den Qi und zwang ihn zur Selbsttötung durch das Schwert.

Als später das Land von den Yue überfallen und erobert wurde, klagte König Fu Chai darüber, nicht auf Wu Zixu gehört zu haben, ehe er sich selbst ebenfalls in das Schwert stürzte.

Der Tod des Wu Zixu. moderne Tuschezeichnung

In beiden Fällen war die äußere Form klar, aber die innere mentale Struktur ihrer Betrachter verschwommen. Bian He und Wu Zixu handelten geradeheraus, aber die Gedanken und Leidenschaften der Herrscher waren verworren.

Höchstes DAO liegt weit jenseits unserer Sinne, vollkommene innere Natur ist weit entfernt von allen unseren Vorstellungen. So ist es unmöglich, dem Unhörbaren zu lauschen, das Feinste wahrzunehmen und seinen Sinnen zu trauen, das Formlose erspüren und die Symbole erkennen und nicht ratlos zu werden. Wer demnach den wesentlichen Aspekten Daoistischer Selbstkultivierung vertraut, sie achtet und ehrt und von dem Sitzen in Vergessenheit gehört hat, der ohne Zweifel seine Übung sorgfältig praktiziert, wird schließlich DAO in sich verwirklichen.

Im Buch Zhuang Zi heißt es:

> *Ich bin dem Körper nicht verhaftet und gebe jeglichen Gedanken an Wissen auf. Indem ich mich von Körper und Geist freimache, werde ich eins mit dem Unendlichen. Dies meine ich damit, dass ich sitze und vergesse.* *

> *Hat einer diese Vergessenheit erreicht, was bliebe da noch unvergessen? Nach innen sich selbst vergessen und nach außen nicht mehr wissen, dass es ein Universum gibt.* †

Das bedeutet, ohne den Glauben an DAO wird das Unglück des Misstrauens passieren und DAO lässt sich nicht erreichen.

---

* zitiert nach 'Glückliche Wanderung, Gia Fu Feng , deutsch Sylvia Luetjohann, Irisiana Haldenwang

† Kommentar von Guo Xiang zum Zhuang Zi

2 Vermeiden karmischer Verstrickungen

Die karmischen Verstrickungen vermeiden bedeutet, sich von folgenreichen Aktivitäten und weltlichen Interessen zu lösen. Wer Leidenschaften vermeidet, dessen Körper bleibt frei von Belastungen; ohne Sorgen wird der Geist auf natürliche Weise ruhig. So wachsen Ruhe und Gelassenheit Tag für Tag, während die Trübung des Herzens weicht. Je weiter man sich im Inneren von der Welt zurückzieht, desto mehr nähert man sich Dao. Haben nicht alle Heiligen und großen Geister diesen Weg beschritten? Heißt es doch bei Lao Zi:

Seine Öffnungen stopfen,
seine Pforten schließen,
wieder heim zur Klarheit finden,
nie den Leib im Unheil verlieren.

Es gibt solche, die ihre innere Kraft zur Schau stellen und mit ihrem Können protzen, um andere zu beeindrucken. Andere reisen umher um Menschen zu begegnen, Segen zu spenden oder Zeremonien abzuhalten. Dann gibt es noch jene, die sich zurückziehen um das Leben eines Eremiten zu führen, sich aber insgeheim eine Karriere wünschen. Wieder andere laden großzügig zu Essen und Wein in der Hoffnung auf spätere Gunst. Das alles ist nicht im Sinne des Dao und verunglimpft rechtes Verhalten. All das muss man vollkommen unterlassen.

So steht im Dao De Jing:

Seine Öffnungen öffnen,
sein Schicksal fortführen
und des Leibes Verenden
wird nicht befreit.

Wenn ich nicht singe, singt auch niemand mit mir. Wenn andere singen, falle ich nicht mit ein. So können alte Verstrickungen gelöst werden und neue vermieden. Ritualisierte Feste und ungesunde Gelage verlieren nach und nach an Interesse. Man kann sich ganz der Dao-Kultivierung widmen. Zhuang Zi:

Er ergreift nichts, er erwartet nichts.[*]

womit gemeint ist, sich nicht mit dem Weltlichen zu verbinden. An der gleichen Stelle sagt er:

Suche nicht nach Ruhm. Mache keine Pläne. Lass
dich nicht von Tätigkeiten fesseln. Glaube nicht,
dass du etwas weißt.

Sollte andererseits etwas unumgänglich sein, dann tue es ohne persönliche Bindung, ohne dich damit zu identifizieren und infizieren. Es führt nur zu weiteren Verstrickungen.

---

* Glückliche Wanderung

3 Sammlung des Geistes*

Der Geist (Herz) ist Meister über den Körper, Beherrscher der hundert Geister. In Ruhe gibt er Einsicht, aufgeregt führt er in die Irre. Fröhlich durch sein Traumland wandernd, kann er die Wahrheit wohl kaum benennen, es schmeckt ihm gut, der Mittelpunkt des Gelages zu sein. Wer möchte hören, dies sei ohne Inhalt.

Verwirrung und Unwissenheit des Geistes sind bedingt durch den Ort, an dem er sich niedergelassen hat. Will man sein Verhalten ändern, muss man auch den Ort ändern. Auch soll man gut wählen, mit wem man sich umgibt. Wie viel wichtiger ist das alles, will man sich aus dem Kreis von Geburt und Tod befreien und den Geist inmitten des DAO seine Heimstatt nehmen lassen? Ohne das Alte aufzugeben kann man das Neue nicht erreichen.

Deshalb soll ein jeder, der damit beginnt DAO zu kultivieren, seinen Geist sammeln in Ruhe, seine Vorstellungen von der Wirklichkeit fahren lassen und sich der Leere hingeben. Hat man sich der Leere hingegeben und haftet auch nichts Seiendem an, tritt man von selbst ein in einen Zustand der Bedingungslosigkeit. So verschmilzt man mit DAO. Sprechen die Schriften davon, das Höchste DAO zu erreichen, meinen sie absolut ruhende Leere, Nichtsein, in dem Geist und körperliche Haltung nicht ein Grad aus dem Lot sind.

---

* Im Original 收心心 Shou Xin - das Herz bewahren.

Das Eigentliche von Geist und Körper findet seinen Ursprung in DAO, doch da der denkende Geist ständig beeinflusst wird, können seine dunklen Wucherungen über lange Zeit anwachsen und einen vollends vom Weg abbringen, dem DAO entfremden.

Den Schmutz entfernen und ein offenes Bewusstsein schaffen für die Wurzeln des Geistes, das nennen wir Kultivierung. Nicht länger umhertreiben auf den Wogen der Unwissenheit, sondern mit dem DAO verschmelzen, das nennen wir zurückkehren zum Ursprung. Den Ursprung bewahren und nicht davon abweichen, das nennen wir Ruhe und Festigkeit.

Hält man über längere Zeit die Ruhe und Festigkeit, dann verschwinden Krankheiten und die ursprüngliche Bestimmung wird wieder hergestellt. Beständig im Ursprünglichen weilen führt zu dem spontanen Verstehen des Ewigen. Im Verstehen ist nichts mehr unklar, im Ewigen ist nichts mehr wandelbar. Dies ist der Weg, den Kreislauf von Geburt und Tod zu verlassen. DAO folgen und den Geist beruhigen gelingt nur, indem man an nichts hängt. Lao Zi sagt:

Die Wesen bersten ins Leben
sehen selbst sich wenden
kommen und gehen zur Wurzel zurück
zur Wurzel kehren ist Stille
Stille ist Heim des Willen
dem Willen folgen ohne Wandel
ohne Wandel folgen ist leicht.

Jedoch, fährt man fort, den Geist zu betrachten in der Leere, dann ist dies nicht Bedingungslosigkeit, denn man hat einen Platz, eine Position der Betrachtung und der Geist wird aktiv. So ist man nicht ohne Ding und erzeugt Verwirrung. Solange der Geist an nichts sich hält (keine Betrachtung und keine Selbstbetrachtung), in sich ruht, unbeweglich, bildet er die Grundlage vollkommener Festigkeit. Auf dieser Grundlage arbeiten Geist und Qi harmonisch miteinander und man wird sich Tag für Tag frischer und verjüngt fühlen. Dann erkennt man klar den Unterschied zwischen dem Wahren und dem Willkürlichen. Ist alles Aufsteigen der Gedanken vollkommen ausgemerzt und nicht der geringste Unterschied zwischen richtig und falsch, zwischen diesem oder jenem, drängt sich zwischen Himmel und Erde, dann schwindet alle Bewusstheit und man betritt den Zustand blinder Festigkeit. Lässt man aber den Geist frei umherwandern und ist nicht fähig oder gewillt ihn zu bezähmen, unterscheidet man sich nicht im Geringsten von gewöhnlichen Menschen.

Glaubt man, es genüge, nicht zu werten, ohne dem Geist eine Richtung zu weisen in der Hoffnung, er würde von selbst zu Ruhe kommen, betrügt man sich selbst. Führt jemand weiterhin sein gewöhnliches Leben und behauptet, sein Geist würde davon nicht mehr berührt, dann sind dies nur schöne Worte, aber weniger gute Taten. Davor möchte ich jeden ernsthaft Praktizierenden warnen.

Die Konfusion beenden ohne die Wachheit aufzugeben und in die Ruhe eintreten, ohne sich in der Leere zu verlieren. Regelmäßige Übung führt von selbst zu klarem Verstehen. Gibt es noch Gedanken oder Zweifel an der Methode, so soll man ruhig und besonnen darüber meditieren und alle Argumente dafür und dagegen abwägen, um so zu Klarheit zu gelangen. Das gibt in der Folge Kraft für tiefere Einsicht und eine gute Grundlage der Übung. Ist die Sache verstanden, braucht man keine weiteren Gedanken mehr dahin verschwenden. Man würde mit seiner Klugheit die Stille stören. Statt das Wachstum zu fördern würde man aus Neugier die Wurzel ausreißen. Um für einen Augenblick zu glänzen, bringt man sich um die Früchte für Jahre.

Jede verwirrende Abweichung oder störende Phantasie soll man, sobald man ihrer gewahr wird, eliminieren. Weder Kritik noch Lob sollen eindringen, denn der Geist wird sich sofort darauf stürzen und ausbeuten. Dann bleibt kein Platz für DAO. Was immer durch die Tore der Wahrnehmung dringt sollte nicht weiter beachtet werden, um dem ständigen Werten um Recht oder Unrecht, gut oder schlecht keinen Boden zu geben.

Nimmt er nichts von außen auf, wird der Geist leer; verfolgt er nichts auf der Oberfläche, nennen wir ihn friedlich. In einem leeren und friedlichen Geist erwächst DAO von selbst. Wie es im Neiguan Jing heißt:

> *„Wer die Leere des Geistes und das Handeln ohne Tun erreicht, selbst wenn er nicht nach Dao verlangt, zu dem wird Dao gelangen."*

Nichts, an dem der Geist hängt; nichts, dem er folgt. Weder klar noch unklar, bekommt kein Lob und kein Tadel. Weder weise noch unwissend, erlebt keinen Gewinn und keinen Verlust. Der Ordnung der Dinge und dem Wechsel der Zeiten folgend erlangt man die Weisheit der Ungebundenheit. Wer seine Gedanken vernachlässigt und unangemessen handelt, sich dabei ungebunden fühlt und frei, der ist nicht wahrhaftig bewusst. Die Gedanken lassen sich wie die Augen vom kleinsten Teil ablenken und sind nicht mehr ruhig. Ist der Geist erst einmal erregt, lässt er sich kaum wieder zähmen. Können solche Schwächen nicht ausgemerzt werden, ist wahre geistige Stärke kaum zu erreichen.

Wenn auf einem fruchtbaren Feld die Dornen noch nicht ausgegraben sind, wird keine Saat sprießen und gedeihen. Lieben, schauen, denken und sich sorgen sind das Dornengestrüpp des Geistes. Solange sie nicht ausgerissen sind, kann die Einsicht nicht wachsen. Man kann auch in Wohlstand leben und hochgelehrt die Klassiker zitieren, gutmütig und beherrscht und doch in seinen Handlungen gierig und zerstörerisch sein. Man kann klug seine Falschheit verkleiden, andere beeinflussen und sich jeden Erfolg anheften, während man die Fehler anderer brandmarkt. Diese Krankheit ist zutiefst ernst und nicht leicht zu kurieren. Die Ursache liegt in der Selbstgerechtigkeit.

Der ständig an ein Objekt gebundene Geist kommt schwerlich damit zurecht auf sich allein gestellt zu sein, weswegen es unmöglich scheint, Frieden zu finden. Selbst wenn dieser wunderbare Zustand eintritt, fällt der Geist zusehends zurück in Unklarheit und Verwirrung. Was immer auch auftaucht, so soll es beobachtet und zur Ruhe gebracht werden. So mag, nach sehr langer Zeit, Harmonie und Frieden auf natürliche Weise Einzug halten. Rund um die Uhr und zu jeder Jahreszeit, ob im Stehen oder Sitzen, Gehen oder Liegen, ob man ruht oder seinen Beschäftigungen nachgeht, ist man stets angehalten, den Geist in einen friedlichen Zustand zu führen und nicht mit Ärger oder Sorgen in Berührung kommen zu lassen. Werden die Anhaftungen allmählich geringer, wird von selbst ein Zustand der Freude und Vertrautheit mit dem Sanften entstehen. Gedanken, die früher so beliebt waren, bekommen einen schalen und vulgären Geschmack. Woran man ein Leben lang sein Herz gehängt hat, wird man misstrauen, wenn das Denken in der Tiefe zwischen dem Echten und dem Unechten zu unterscheiden vermag.

Sogar Rinder und Pferde, die wir domestiziert haben, werden nach einiger Zeit der Verwilderung nicht mehr bereit sein, sich vor einen Karren spannen zu lassen. Sperber und Falken sind wilde Vögel, doch werden sie gefangen und gefüttert, dann gewöhnen sie sich an den Menschen und fliegen auf seine Hand. Nicht anders verhält sich der Geist. Wild und ungepflegt sucht er seinen Vorteil durch Falschheit. So heißt es im Dao De Jing (62):

> kommt einer auch …
> mit Jadegeschmeide und Vierergespann
> es wäre besser sich hinzusetzen
> und eben diesen Weg zu betreten

Die Feinheiten der Methode lassen sich nur durch regelmäßige Übung erkennen. Nicht daran, wie fein einer daherredet, sondern wie gut seine Übung ist. Hat man einigen Fortschritt erzielt, dann klingen die Worte über Dao verständlich, ohne Übung scheinen sie dumm. Wenn es auch heißt (81):

Wahre Worte sind nicht schön

so weisen sie doch trefflich zum Kern der Sache und man könnte ihnen direkt folgen. Stattdessen wenden sich die Menschen ab, nennen es vereinfachend und vertrauen ihnen nicht. Auch hier wusste schon Lao Zi (70):

> *meine Worte sind bekannt*
> *und einfach zu verstehen*
> *doch auf der Welt ist niemand fähig*
> *dies zu wissen*
> *niemand fähig*
> *dem zu folgen*

Es gibt immer solche, die behaupten, Feuer sei nicht heiß oder ein Licht würde nicht leuchten. Doch es gehört zur Natur des Feuers, heiß zu sein und es ist der Sinn eines Lichts, zu leuchten. Obwohl sie das Feuer fürchten und im Schein einer Lampe sitzen, diskutieren sie stundenlang, verleugnen die Realität und machen daraus ein Geheimnis. Wer Dao studiert, sollte sich um so etwas nicht weiter kümmern.

Nun wird aber auch gesagt, das große Dao offenbart sich in den Dingen und so kann man den alltäglichen Geschäften nachgehen, ohne dass der Geist davon berührt würde. Wer sich hingegen vom aktiven Leben verabschiedet, die

Ruhe vorzieht und die innere Kraft aufbaut, der wird dennoch seine Mühe haben, die Kontrolle zu wahren. Die geringste Ablenkung wird Zweifel streuen und er wird daran gehindert an dem Einen festzuhalten, wird in Zuneigung und Ablehnung verfallen ohne die Verstrickungen zu bemerken. Trotzdem zu behaupten, sich ohne diese Mühen in einem Zustand des DAO zu befinden, das ist doch wahrhaftig Heuchelei. Meine Antwort lautet: Was alles in sich vereint, nenne ich Groß, was alles durchdringt, nenne ich DAO. Wahrhaftig, wer in der Welt der Dinge leben kann ohne berührt zu werden, der ist groß. Doch so höre, werte Person, dein Spiegel ist nicht ganz sauber. Du siehst den mit Perlen durchwirkten Brokat, aber nicht den einfachen Seidenfaden, aus dem er besteht. Du hörst den Schrei des Kranichs, aber du weißt nicht, dass er dazu dient sein Essen zu erbrechen. Ein Schatten spendender Baum wuchs aus einem kleinen Setzling. Ein reiner Geist gewinnt seine Festigkeit einzig durch die Ansammlung regelmäßiger Übung.

Es wäre müßig über die Wirkkraft des Weisen zu reden, ohne zu wissen, wozu er sie nutzen will. Das wäre wie ein Ei zu sehen und nach dem Hahn zu suchen, oder angesichts eines Armbrustpfeils die geröstete Taube vor Augen zu haben. Wozu diese Aufregung, heißt es doch im Klassiker (65):

> *Verborgen wandeln ist dunkel*
> *in weiter Ferne*
> *den Dingen entgegen*
> *darüber hinaus Großes vollbringen.*

4 Vereinfache dein Leben

Das Leben besteht aus Ereignissen und Erscheinungen, von Geschichten und Geschicken zu Hauf und dennoch sieht man nur die eigenen. Im Wald auf einem Ast nistend, verliert der Vogel den Blick für das Buschwerk; und kein Tier, das aus einem Fluss sich den Bauch voll sauft, hat Sinn für die Wogen der Fluten. Nach außen schaut man die verschiedenen Dinge, nach innen geht der Blick auf die eigenen Bedürfnisse. Das Leben besteht aus kleinen Einheiten und man muss sich nicht um jene kümmern, die einen selbst nicht betreffen. Alles ist einer Situation angemessen und man sollte nicht versuchen unpassendes hineinzubringen. Wirft man Dinge durcheinander, fügt man sich selbst großen Schaden zu. Sorgt man sich um mehr als die eigenen Bedürfnisse, schadet man seinem Geist und seinem Körper. Wenn man keinen Frieden in sich finden kann, wie soll man dann DAO erreichen.

Deshalb ist nichts besser für jemanden, der DAO kultivieren will, als sich sein Leben konsequent zu vereinfachen. Erkenne, was von Bedeutung ist und was unbedeutend, was erforderlich und was nicht. Handelt es sich um Triviales oder Ernsthaftes? Entscheide, was du ablegen kannst oder woran du noch hängst. Befreie dich.

Menschen, die dem Konsum anheimfallen, Wein trinken und Fleisch verschlingen, sich in feine Tücher gewanden, Gold und Juwelen besitzen und nach Ruhm und Ehre streben, entfernen sich von Dao. Sie befriedigen ihre persönlichen Begierden, das ist keine gute Medizin für ein friedliches Leben. Die meisten Menschen folgen diesen Dingen, ohne zu sehen, wie sie Unglück über sich bringen. Wenn wir uns das in Ruhe betrachten verstehen wir leicht, wie verwirrt sie sind.

Zhuang Zi sagt:

> *Wer seine Bestimmung im Leben gefunden hat, der wird nicht nach etwas verlangen, was nicht mit dem Leben in Verbindung steht.*

Nicht mit dem Leben in Verbindung steht alles außerhalb der eigenen Bestimmung. Einfaches Essen und schlichte Kleidung reichen aus, die innere Natur und ursprüngliche Bestimmung zu hegen. Wozu dann Fleisch und Wein, Seide und Geschmeide? Deshalb soll man alles aufgeben was nicht notwendig ist zum einfachen Leben; selbst das, was vom Notwendigen noch zu viel ist, soll man abgeben. Wohlstand hat eine störende Energie und in der Fülle nimmt der ganze Körper Schaden. Selbst im Kleinen bereitet es Sorgen, um wie viel mehr, wenn man viel besitzt. Würde jemand versuchen mit der Perle des Marquis von Sui nach einem in der Höhe fliegenden Sperling zu werfen, die meisten fänden es lächerlich. Um wieviel mehr ist es dann lächerlich, sich von DAO abzuwenden und stattdessen seinen Lebenswandel unnützen und der eigenen Gesundheit schädigenden Dingen zu widmen.

Vergleichen wir Ruhm und Ehre mit dem Weg (DAO) und seiner Kraft (De), dann erkennen wir schnell die ersteren als fad und leer, aber die letzteren als wahr und edel. Weiß man um den Unterschied, kommt man nicht umhin, das eine zu nehmen und das andere abzulehnen. Warum sollte man seine Gesundheit um des Ruhmes willen ruinieren und seine innere Bestimmung der Ehre beugen? Zhuang Zi sagt:

> *„Wer seinen Ruhm verfolgt und dabei sich selbst verliert ist kein Wahrer Mensch."*

Im Xishen Jing heißt es auch:

> *„Ich umarme den Ursprung und halte fest an dem Einen, kehre zurück und erlange Unsterblichkeit.*
> *Dem kannst du nicht folgen, der festhält an Ehre und gesellschaftlichem Ansehen."*

Wer inmitten der alltäglichen Dinge und Geschäfte Gleichmut und Gelassenheit bewahren kann, der soll sich wirklich zu den Vollendeten zählen. Wer das aber nicht erreicht hat und lediglich davon redet nicht davon berührt zu werden, der hält sich selbst zum Narren.

5 Wahrhaftiges Erkennen

Eine klare Sicht der Dinge zeichnet den gebildeten Menschen aus, Scharfsinn und Weitblick sind seine herausragenden Eigenschaften. Er erkennt, was Vorteil oder Schaden bringt, kann unterscheiden, ob Handeln oder Abwarten von Vorteil sei, sieht die Änderungen des Lebens voraus und richtet sich danach. Die wirkenden Kräfte erkennen und danach handeln, in tiefer Versenkung Vorsorge treffend, unauffällig für sein Leben sorgend und von Anfang bis Ende alles bedenkend, keine Schwierigkeiten schaffend, kein Grund zur Klage, das nennt man wahrhaftiges Erkennen.

Was man isst oder wann man schläft, das kann ausschlaggebend sein für Gewinn oder Verlust; jeder Schritt, jedes Wort können Glück oder Unglück bewirken. Mag man die Ergebnisse auch geschickt handhaben, so ist es doch klüger, die Ursachen zu kontrollieren. Wer die Wurzeln kennt, weiß wohin die Äste treiben. Doch man muss frei sein von Ungeduld und Wunschdenken. Deshalb üben wir, den Geist zu zähmen und uns vom Anhaften an den Erscheinungen zu befreien. Mindere täglich deine äußeren Handlungen, bring den Körper zur Ruhe und verweile in Gelassenheit, dann kannst du tatsächlich die wunderbare Ordnung des Universums erkennen. Wie schon Lao Zi im ersten Vers sagt:

Ohne Verlangen offenbart sich das Geheime

Nun, wie dem auch sei, während du dich kultivierst braucht dein physischer Körper Nahrung und Kleidung; es gibt Dinge, von denen man nicht frei wird, das musst du mit leichtem Herzen und klarem Blick hinnehmen. Es soll dich nicht hemmen bei der Meditation und kein Anlass sein für Sorgen oder Ärger. Steigen erst Ungeduld und Missmut in den Gedanken auf, so wird es einen ununterbrochenen inneren Disput in Gang setzen. Wie sollte man da noch von einem friedvollen Geist reden?

Die Dinge des täglichen Lebens sind wie ein Boot. Willst du den Fluss überqueren, brauchst du das Boot, hast du das andere Ufer erreicht, kannst du das Boot vergessen. Aber man kann es nicht aufgeben, bevor man übergesetzt hat. Nahrung und Kleidung an sich sind ohne Bedeutung und ohne Wert. Doch während man sich von Werten und Illusionen befreit, muss man seine Versorgung aufrecht erhalten. Man sollte keinerlei Gefühle den Dingen gegenüber aufbringen, die uns Gewinn oder Verlust vorgaukeln. Ob man sich nun darum kümmert oder nicht, der Geist sollte in Ruhe und Stille verweilen. Sei gleich mit allen, die auch auf der Suche sind, aber ohne Begehren. Erreiche deine Ziele, ohne daran festzuhalten. Ohne Begehren bedeutet frei sein von Sorgen, ohne festhalten bedeutet nie etwas verlieren können. In deinen Taten unterscheidest du dich nicht von allen anderen, aber in deinem Geiste unterscheidest du dich. Das ist der wichtigste Teil deiner Übung, daran musst du beständig arbeiten!

Selbst wenn du erfolgreich deine Kultivierung betreibst und dich von deinen Wünschen und Anhaftungen befreien kannst, so bleiben doch einige Probleme bestehen. Nicht alles kannst du so leicht ablegen, aber du kannst sie der goldenen Regel gemäß objektiv betrachten. Solltest du von sinnlichen Wünschen und Gefühlen heimgesucht werden, dann ist es gut zu erkennen, dass solche Wünsche aus Gedanken an sinnliche Erlebnisse entspringen. Steigen keine sexuell geprägten Gedanken in dir auf, gibt es auch nicht das Verlangen nach Sex. Erkennst du die Leere des äußeren sinnlichen Verlangens, die Leere der inneren Gefühle, warum sollten sie dich weiter beherrschen?! Im Ding Zhi Jing steht dazu:

> Sinnliches Verlangen ist reine Imagination. Alle Imagination ist in ihrer wahren Natur leer. Wie kann es dann etwas wie sinnliches Verlangen geben?

Bedenke auch, dass die Sinnlichkeit einer schönen Frau weitaus gefährlicher ist als ein Fuchsgeist. Wenn ein Fuchsgeist versucht einen Mann zu verführen, erweckt er Abscheu und Angst in ihm, so dass er sich nicht auf den schlechten Weg wagt, selbst nicht angesichts des Todes. Angst und Abscheu bewahren ihn vor Liederlichkeit und Verwahrlosung. Menschliche Schönheiten aber betören den Mann, machen ihn verliebt und abhängig. Am Ende ihres Lebens sind die Männer von eigenwilligen Gedanken durchdrungen und stürzen in fürchterliche Höllenqualen. Darum heißt es: „Die als Mann und Frau zusammenlebten, können nach ihrem Tod nicht mehr zusammen kommen."

Wäre Schönheit wirklich anziehend, würden Fische nicht abtauchen und Vögel nicht in den Himmel fliegen beim Anblick einer schönen Frau. Die Unsterblichen sehen Schönheit als unrein und trübe an, Weise halten sie für eines Messers Schneide.

In diesem bedingten Leben kommt ein Mensch nicht sieben Tage ohne Nahrung aus, doch er kann hundert Jahre werden ohne Sex gehabt zu haben. Daran können wir sehen, dass Sex nicht unbedingt notwendig ist für den Erhalt des Körpers und des Geistes, aber ein Feind der inneren Entwicklung und Kultivierung sein kann. Warum sich in Gefühlen verstricken und sich selbst Ärger ins Haus holen?

Sieht man jemanden Schlechtes oder Falsches tun und lässt daraufhin in sich selbst Hass und Feindschaft wachsen, dann istes so als würde man den eigenen Hals hinhalten, nur weil ein anderer seinem Leben ein Ende setzt. Wenn der andere sich für ein schlechtes Dasein entschieden hat, so hat er mich nicht eingeladen, ihm zu folgen. Warum also soll ich mich um anderer Menschen Schlechtigkeit kümmern und mich dabei selbst krank machen? Ja sogar wenn du einen der Böses tut abscheulich findest, dann solltest du auch jemanden der Gutes tut abscheulich finden. Warum? Weil beide DAO behindern.

Jemand der in Armut lebt und leidet, fragt sich, warum das so ist. Himmel und Erde sind gleichgültig, sie schützen und helfen ohne persönliches Ansehen. So liegt meine Armut sicher nicht an Himmel und Erde. Eltern wünschen nur das Beste für ihr Kind in dieser Welt, in diesem Leben.

Wenn ich in Armut lebe, kann ich es nicht meinen Eltern vorwerfen. Andere Menschen, Geister und Götter sind mit sich selbst und ihrem Wohlergehen vollauf beschäftigt, so sind auch sie nicht an meiner Armut schuld. Man kann es drehen und wenden wie man will, letztlich muss man eingestehen, dass es das eigene Leben ist und das eigene Geschick.

Ich gestalte meine Leben, der Himmel hat es mir gegeben. Was ich daraus mache, folgt meinem Handeln wie ein Schatten der Form und das Echo dem Ton. Man kann es weder vermeiden noch leugnen. Nur der Weise kann dies verstehen und danach handeln. Gesegnet vom Himmel und den Sinn des Schicksals verstehend wird er nicht klagen über Armut oder Leid.

Zhuang Zi sagt:

> *Dein Geschick tritt ein und kann nicht vermieden werden, es ist dein eigenes Geschick.*

Wenn Not und Krankheiten kommen, dann kommen sie. In den Klassikern heißt es auch:

> *Himmel und Erde können ihren Lauf nicht ändern, Yin und Yang können ihre Bestimmung nicht umkehren.*

Aus dieser Perspektive betrachtet können wir erkennen, dass jeder seiner eigenen Bestimmung folgt. Niemand ist nur eine leere Larve. Wie kann man sich dann ärgern?

Noch ein Beispiel: Begegnet ein Krieger einer Horde von Dieben, so wird er augenblicklich und unerschrocken sein Schwert ziehen, bis die Banditen in die Flucht geschlagen sind. Ein solcher Sieg wird ihn sein Leben lang begleiten. Tauchen nun Schwierigkeiten in meinem Leben auf, Not oder Krankheit, dann sind diese meine Räuberbande. Mit einer aufrechten Haltung kann ich ein tapferer Kämpfer sein. Mit klarer Erkenntnis und weiser Entscheidung werde ich mein Schwert schwingen. Der Kampf ist gewonnen, wenn alle Schwierigkeiten und Ablenkungen beseitigt wurden. Frieden und dauerndes Glück sind der Lohn und die Ehre.

Statt sich in schlichter Betrachtung zu üben, verfällt der Geist in Sorgen und Ängste, wenn sich Probleme des alltäglichen Lebens zeigen. Dies gleicht dann jenen, die in der Konfrontation mit dem Feind alles von sich werfen und die Flucht ergreifen. Sie desertieren, vermeiden das Glück und bitten um Leid. Wie traurig!

Not und Leid wurzeln in der Tatsache, einen Körper zu haben, darüber muss man sich klar werden. Ohne einen Körper hätten Elend und Drangsal nichts, worin sie hausen könnten. Im Dao De Jing (13) steht:

kein Selbst - kein Schicksal

Als nächstes solltest du dir den Geist betrachten. Du wirst feststellen, dass es keinen absoluten Meister im Geist gibt. Wo du auch suchst, innen wie außen, es gibt keine reine Wahrnehmung. Alles was du findest ist der wandernde Geist, die reine Täuschung. Kannst du deinen Körper wirklich zu trockenem Holz und deinen Geist zu erloschener Asche machen*, dann werden alle Leiden ausgemerzt sein.

Wer den Tod fürchtet, der soll seinen Körper als die Behausung des Geistes betrachten. Wird der Leib alt und verfällt zusehends, das Qi lässt nach, dann ist es wie ein Haus mit verrotteten Wänden. Wird es unbewohnbar, dann ist es an der Zeit, nach einem neuen Ausschau zu halten. Der Tod des Körpers und der Auszug des Geistes sind die Gelegenheit, einen anderen Platz einzunehmen. Hängst du am Leben und vermeidest du den natürlichen Wandel, dann werden Geist und Bewusstsein nur weiter verwirrt, führen in die Irre und verlieren ihre rechte Haltung. So entstehen die dumpfen und sinnlosen, gierigen und hungrigen Wiedergeburten.

Wer das Leben nicht zu leicht und den Tod nicht zu schwer nimmt, der kann die Gleichheit von beiden erreichen und damit ein gütiges Schicksal für seine Existenz erreichen. Wer aber in gierigem Verlangen lebt, erzeugt eine Unzahl von Leid und Freude im ständigen Wechsel. Ist auch nur ein Teil krank, gerät der ganze Körper ins Wanken; wie sehr erst dann, wenn der Geist leidet. Das Verlangen nach ewigem Leben in einem einzigen Körper: wie soll das möglich sein? Alle Gier und alle Abneigung erwachsen aus der Unwissenheit. Indem der Wahn ständig gesteigert wird statt ihn zu vertreiben, wird der Weg, wird

---

* Zhuang Zi, Innere Kapitel 2 - Die Gleichheit der Dinge

DAO immer schwerer verständlich. Daher soll man alles Verlangen von sich geben und im Nichtsein verweilen. Gelassen, friedvoll und einfach bleibt man verwurzelt und kann in stiller Betrachtung jene Dinge, die einmal verlockend waren als leer erkennen.

Die Probleme mit jenem Denken betrachtend, welches die Probleme hervorgerufen hat, werden wir niemals eine Lösung finden. Nur mit einem Geist, der sich vom Objekt befreit hat, können wir die Realität erkennen und sehen, was richtig und was falsch ist. Es ist zu vergleichen mit einem nüchternen Mann, der die Dummheiten eines Betrunkenen sieht, aber nicht erkennen konnte, solange er selbst betrunken war. Im Shengxuan Jing
heißt es:

> Ich gebe das alltägliche Leben auf und ziehe mich aus der Welt zurück.

Und im Xisheng Jing steht geschrieben:

> Augen und Ohren, Klang und Farben halten einen beständig in einem Zustand des Verlangens. Deshalb gebe ich das gewöhnliche Leben auf und verlasse die menschliche Gesellschaft.

So gab auch der ehrwürdige Lao seine soziale Position auf und zog in die Einsamkeit. Erkennend, dass die Sinne nur Verlangen hervorrufen, wie kann man da noch behaupten, des Fischhändlers Laden würde stinken?

6 Gefestigt in sich ruhen

Die innere Festigkeit ist der letzte Punkt auf dem Weg, die profane Welt hinter sich zu lassen und der erste Anker auf dem Weg des DAO, die Vollendung kultivierter Stille, die Summe ruhigen Verhaltens. Ein Körper wie trockenes Holz und ein Geist wie erloschene Asche, keinerlei Impulse, keine Suche nach etwas, die höchste Ruhe. Ohne sich der Festigkeit gewahr zu sein, gibt es doch keinen Moment, der nicht gefestigt ist. Das nennen wir gefestigt in sich ruhen. Zhuang Zi sagt:

> *Wessen innere Ruhe gefestigt ist, der strahlt himmlisches Licht aus.*

„Innere Ruhe" meint hier den Geist, und „strahlt himmlisches Licht" meint, das Innere wendet sich nach außen. Der Geist ist ein Gefäß für Dao. Verhält sich das Gefäß vollkommen ruhig, kann Dao sich darin entfalten und Einsicht* erwachsen. Diese Einsicht (oder innere Sicht) kommt aus der inneren Natur und beruht nicht auf äußeren Einflüssen. Deshalb nennen wir es „himmlisches Licht". Wird es von Gier oder Zuneigung gestört, bleibt nur Dunkelheit und Wahn. Indem der Herz- Geist zu schneeweißer Klarheit gereinigt wird, die sich langsam und beständig erweitert, gewinnen wir Reinheit und Stille und der wahre inne-

---

* Das Schriftzeichen hui 慧 , was ich hier mit Einsicht übersetze, setzt sich zusammen aus hui 彗, Komet und xin 心 Herz bzw. Geist. Ein Komet, der in den Herz-Geist eindringt, eine plötzliche Erleuchtung, wird im modernen Chinesisch als intelligent verstanden.

re Geist wird sich nach und nach von selbst öffnen. Das ist nichts anderes als dein reines Selbst und sollte als höchster Schatz gewahrt werden.

Einmal erreicht, sollte dieser Schatz nicht durch Sorgen oder Gedanken gefährdet werden. Die Einsicht zu erlangen ist nicht besonders schwierig, sie wieder zu vergessen jedoch ist hart. Schon zu allen Zeiten haben Menschen sich vergessen können, aber sich einer Beschreibung enthalten, das konnten nur wenige. Die innere Erkenntnis nicht zu nutzen bedeutet, auf Worte zu verzichten. Nur wenige haben diesen Schritt gewagt und deshalb sage ich, es ist hart. Nur dann hat man vollkommene Stille und Klarheit erreicht. Zhuang Zi sagt:

> *Dao kennen ist einfach, es nicht zu benennen ist schwer. Zu wissen und nicht darüber reden, das bringt dich in den Himmel. Zu wissen und darüber reden führt wieder in die Welt der Menschen. Die alten Weisen zogen den Himmel den Menschen vor.*

Durch innere Sicht kann man DAO erkennen, aber nicht auch gleich erreichen. Wenn man auch den Vorteil der Einsicht kennt, bedeutet es nicht, auch den Segen vom Erreichen des DAO zu kennen. Wem die innere Sicht die Ordnung des Universums offenbart, der benutzt gerne sein Wissen, um andere zu beeinflussen. Ist der (denkende) Geist angeregt und weiterhin in Angelegenheiten verstrickt, dann hängt er auch weiterhin den Unterscheidungen an. Man mag vielleicht sagen: Ich stehe inmitten all dieser

Bewegung, aber ich selbst bin absolut ruhig. Wie kann Stille verstanden werden, wenn sie noch von Bewegung abhängt. Eine solche Haltung, wenn sie auch mit viel Klugheit vorgetragen wird, ist von DAO weit entfernt. Es ist so, als habe man sich auf die Jagd nach einem Hirsch gemacht und gebe sich mit einem Hasen zufrieden. Was du erreicht hast, ist unbedeutend und klein.

Bei Zhuang Zi steht auch:

> *Die in alten Zeiten Dao meisterten, nutzten Stille um Weisheit zu nähren. Wenn Weisheit sich entwickelte, so taten sie nichts, sie zu schützen. So könnte man sagen, sie nutzten die Weisheit, um die Stille zu nähren. Weisheit und Stille nähren sich gegenseitig. Harmonie und kosmische Ordnung entspringen der inneren Natur.*

Was hier Stille und Weisheit genannt wird, bedeutet ‚gefestigt in sich ruhen'. Harmonie und kosmische Ordnung meint ‚DAO und die ihm entspringende Kraft'. Weisheit besitzen ohne sie zu zeigen, sondern gefestigt in sich ruhen über eine lange Zeit, das wird DAO und seine innere Kraft auf natürliche Weise hervorbringen.

Die innere Festigkeit erreicht man durch kontinuierliches Bestreben. Achte nicht nur auf die Erfolge, sondern habe auch immer deine Verluste im Blick. Beruhige den Geist, wenn er in Furcht gerät, vermeide altbekannte Fahrwasser. Arbeite unterbrochen an der Klärung, an der Verminderung und Aufgabe gewöhnlichen Denkens, um den Geist reifen zu lassen. So wirst du nach und nach den Zustand der inneren Ruhe festigen und dauerhaft erhalten können. Es wird zu einem ganz normalen Zustand. Selbst plötzlicher Donner oder ein Erdrutsch wird dich nicht aus der Ruhe bringen. Der Anblick scharfer Schwerter wird keine Furcht erzeugen. Glück und Ruhm erkennst du als vergänglich, Geburt und Tod als platzende Furunkel. Solange deine regelmäßige Übung und deine innere Bestimmung, darin fortzufahren, noch geteilt sind, wirst du sie in deinem Geist vereinen müssen.

Das Geheimnis um die Leere des Geistes kann nicht ergründet werden. Es ist etwas sehr Merkwürdiges; ohne Substanz, wenn du es fassen willst, aber in Fülle vorhanden, wenn du es anwendest.

Redet nicht und gibt doch Antwort
Ruft nicht, doch alles kommt von selbst

Im Zorn durchdringt sein Pfeil jeden Stein, sein Groll lässt die Sommerhitze erfrieren. Sein ungebändigter Hass führt dich zu den Neun Höllen, hingegen bringt gesammelte Güte dich über die Drei Himmel hinaus. Plötzliches Auftauchen und plötzliches Verschwinden, Bewegung und Ruhe der Gedanken sind nicht zu beschreiben. Weder Schafgarbe noch Schildkrötenpanzer können sein Verhalten vorhersagen. Der Geist ist unvergleichlich schwerer zu zähmen als ein Rind oder ein Pferd.

Der alte Meister in seiner Güte hilft den Menschen, indem er die Himmlischen Terrassen ersteigt und das Unfassbare erforscht. Er beschreibt Ursache und Wirkung der

Drei Fahrzeuge und überträgt es auf die zahllosen Erscheinungen. Tag für Tag lässt er die Handlungen der Menschen verschwinden und befreit sie davon, indem sie in Vergessenheit geraten. Als Bild benutze ich einen gespannten Bogen, dessen Pfeil sich ins Ziel bohrt. Seine Methode ist es, die Schärfe zu mindern und die Knoten zu entwirren.

Praktizierst du beständig diese Methode, so wird es zur Gewohnheit und natürlich. Unterlass intellektuelle Haarspaltereien, trainiere deinen Körper und sitze in Vergessenheit, unbeweglich in der Stille, langsam die Erleuchtung erlangend. Jene, die abweichende Wege einschlagen, werden es nie verstehen; die, die den Weg wählen, haben eine Chance das Geheime zu sehen. Nur ein geringer Aufwand und ein großer Gewinn. Es ist wesentlich und es ist von Qualität.

7 Dao erlangen

DAO ist etwas Wunderbares. Es ist unstofflich doch hat es Essenz, es ist leer und ohne Form. Von keiner Seite lässt es sich ergründen. Es wirft keinen Schatten und gibt kein Echo. Ohne zu wissen, woher es kommt, durchdringt es unser Leben, ohne sich zu erschöpfen. Das ist es, was wir DAO nennen.

Die vollkommenen Weisen haben es in der Vergangenheit erreicht und mit sorgfältig gewählten Worten in unsere Zeit übermittelt. Folgst du den Beschreibungen um die Prinzipien zu erforschen, erkennen wir ihre Wahrheit. Erhabene Menschen, kultivierten ihr Selbst von ganzem Herzen. Sie beendeten ihr Denken und öffneten den Geist wie ein weites Tal, so konnte sich DAO entfalten. Wird DAO kraftvoll, dann schafft es sanft die Veränderungen an Körper und Seele. Die Körperform richtet sich am DAO aus und der Geist, vollständig durchdrungen, erschafft das geistige Wesen.

Sein Geist und seine innere Natur sind leer und miteinander verschmolzen. Die körperliche Form bleibt beständig und erfährt weder Leben noch Tod. Körper und Geist werden eins, in der Welt der Erscheinungen verbindet sich der Geist mit dem Atem Qi. Deshalb kann ein geistiges Wesen auf Wasser oder Feuer treten, ohne Schaden zu nehmen. Es wirft keinen Schatten unter der Sonne oder im Mondschein. Es entscheidet frei über Erscheinen oder Verschwinden, geht ein und aus durch das Tor der Leere. Wenn ein Körper diese Feinheit erlangen kann, um wie viel mehr muss der Geist sich der Weisheit öffnen. Das Buch vom Aufstieg des Geistes*∗ sagt:

Wenn Körperform und Geist in Harmonie verschmelzen, erlangen sie ewiges Leben.

Der Weg der Leere und des Nichtseins kann tief oder flach sein. Ist er tief, greift er für beides, Geist und Körper. Ist er flach, durchdringt er nur die Gedankenwelt. Durchdringt er beides und ergreift auch den Körper, wird man zu einem geistigen Wesen.

Ergreift es nur die Gedanken, erreicht man nur Erkenntnis und Erweckung, aber nicht die Erleuchtung. Einsicht macht die Gedanken klarer und wenn das Denken klar wird, erfreut es sich an seiner Beweglichkeit. Hat man ein kleines Stück Erkenntnis gewonnen, dann will man klug sein und sinnt über alles nach. Dabei ziehen sich der Geist und das Qi zurück und weil nichts Feinstoffliches den Körper durchzieht, verliert sich die Klarheit rasch. Auf diese Weise ist es nicht leicht, DAO zu verwirklichen. Deshalb raten die Schriften zur „Befreiung vom Körper."

Deshalb halten reife Menschen ihren Glanz zurück und leben in der Einsamkeit, um sich auf die vollständige Kultivierung vorzubereiten. Er sammelt seinen Geist und bewahrt sein Qi, studiert DAO und macht sich von seinen Gedanken frei. So kann er mit DAO verschmelzen. Er hat DAO wirklich erkannt.

Darum heißt es im Dao De Jing 23:

---

* 昇神經 Shengshenjing

wer wird wie der Weg
wird vom Weg willkommen

und im Vers 62:

Deshalb ehrten die Alten diesen Weg
schweigend suchten sie ihn zu nutzen
keine Schuld duldend
daher ist er der Welt ein Wert

Auf einem Berg voller Jade werden die Gräser und Bäume nie verdorren und wer DAO umfasst, dessen Körper und Knochen werden nie starr. Täglich wird seine Substanz feiner, bis er vollständig von Geist durchdrungen ist. In der Kultivierung des Körpers zu Feinstofflichem, verbindet man sich mit DAO, wird eins. Im Zuge dieser Auflösung geht er über in unzählige Manifestationen, so wie zuvor unzählige Manifestationen sich zu der Körperform verbunden hatten.

Weisheit strahlt unendlich und der Körper verliert seine Grenzen. Indem er die Leere aller wahrnehmbaren Formen begreift, nimmt er Teil an der Schöpfung. Im Schaffen und Wandeln sammelt er Verdienst. In vollkommener Harmonie ist er nichts als DAO und Kraft. Wie es im Xisheng Jing steht:

Verbinde deine Gedanken mit dem Himmel
ohne daran zu denken. Verbinde deinen
Körper mit Dao ohne dich zu unterscheiden,
dann ist himmlisches Dao erreicht.
Wenn Geist und Körper verschmelzen,
bin ich für immer eins mit Dao.

Der Körper mit DAO vereint bedeutet, für immer zu leben, unsterblich zu sein. Die Gedanken vereint mit DAO bedeutet, mit allem verbunden zu sein. Die Ohren vereint mit DAO bedeutet, alle Töne der Welt zu hören. Die Augen vereint mit DAO bedeutet, jede Form zu erkennen. Das ist die Vollkommenheit der Sinne. Dieses Geheimnis wird nun von vielen geleugnet. Sie hören davon, den Körper aufzugeben, um DAO zu erreichen, aber sie verstehen nicht, dass es jenes Mysterium meint, den Körper mit DAO zu vereinen. Wer so schamlos aus eigenem Unverständnis andere der Dummheit bezichtigt, der gleicht einer Sommermücke, die den frostigen Winter leugnet, wie eine Fruchtfliege, die nichts von Himmel und Erde weiß. Ihre Unwissenheit ist so furchtbar, wie kann man sie nur erleuchten?

8 Anhang - Wesentliches und Hilfestellung

Wer sich selbst verwirklichen und DAO kultivieren möchte, der soll zunächst alle ungehörigen Verhaltensweisen
ablegen und seine Verbindungen zur Gesellschaft lösen,
damit sein Geist davon frei wird. Dann setze er sich aufrecht hin und blicke mit hoher Aufmerksamkeit nach innen.

Sobald ein Gedanke auftaucht, lösche ihn sofort wieder
aus, sperre die Gedanken aus, um den Geist ruhig und
friedlich werden zu lassen. Des Weiteren, auch wenn du
keine besondere Gier entwickelst, lass selbst die schwe-
benden, wandernden und zufälligen Gedanken sofort wieder verlöschen.

Diese Arbeit musst du ununterbrochen fortsetzen, Tag
und Nacht, nicht einen Moment aufgeben. Aber unterbin-
de nur die aufwühlenden Ideen, nicht den leuchtenden
Geist. Tauche ein in den leeren Raum, tauche nicht ein in
den besitzergreifenden Gedankenstrom. Verweile im Nirgendwo und der Geist wird sich festigen.

Diese Vorgehensweise ist wunderbar und geheimnisvoll
und ihr Nutzen tiefgründig. Doch solange du kein Vertrau-
en in DAO * besitzt, wirst du dieses Verfahren nicht wirklich
schätzen können. Selbst wenn du die Texte auswendig
kennst, musst du lernen, die Natur von der Kultur zu unterscheiden. Wieso? Weil Klänge und Formen den Geist betö-

---

* s. Xin Xin Ming

ren, weil Lügen den Ohren schmeicheln, Person und Ego zur zweiten Natur werden. Die Krankheit der Selbstbestätigung sitzt tief. Solange Geist und DAO getrennt sind, ist das Prinzip schwer zu begreifen.

Möchtest du wirklich zum höchsten DAO zurückkehren, dann brauchst du tiefes Vertrauen und solltest drei Regeln anwenden. Wenn du mit diesen drei Regeln unermüdlich übst, vom Anfang bis zum Ende, dann wirst du wahres DAO erfahren. Dies sind die drei Regeln:

- vereinfache deine Verhältnisse
- bändige dein Verlangen
- beruhige den Geist

Wenn du diesen drei Regeln folgst, ohne nachzulassen, dann wird sich DAO einstellen, selbst wenn du noch nie davon gehört hast. Wer sich leer macht von Gedanken und keine Wünsche aufkommen lässt, der wünscht auch nicht, DAO zu erreichen, aber DAO wird ihn erreichen. Vor diesem Hintergrund kann man der Methode durchweg vertrauen und sie grundsätzlich wertschätzen.

Dennoch, der gewöhnliche Geist ist erregbar und eigensinnig. Er ist schon seit langem so und es wird schwierig sein, ihn mit ein paar Regeln zur Ruhe zu bringen. Man mag es versuchen, doch ohne Erfolg, oder mit Erfolg, aber nicht von Dauer. Bei dem Unternehmen den Geist in Ruhe zu halten, während er ständig wieder entschlüpft, kann man schon recht ins Schwitzen geraten. Nach langer, langer Zeit wird der Geist endlich beweglich und doch ausgerichtet sein, dann ist die richtige Einstellung erreicht. Gib deine täglichen Bemühungen nicht auf, nur weil es dir zeitweise nicht gelingt, dich zu konzentrieren und den Geist zu beherrschen.

Sobald du ein wenig ruhig wirst, sollst du versuchen, diese Ruhe zu stabilisieren, sie über eine längere Zeit zu halten. Dann übernimm den ruhigen Zustand des Geistes mit in deinen Alltag, nicht nur im Sitzen, auch wo du gehst und stehst, wenn du beschäftigt bist, inmitten des Huddels und Brassels.

Ob etwas zu tun ist oder nicht, bleib ständig in der Gedankenleere, ob in der Stille oder im Tumult, halte deinen Willen ungeteilt. Jedoch sollte es nicht in Stress ausarten und dich krank machen. Dann kann sogar der Geist darunter leiden und du wirst zum Idioten. Gerät dein Geist in Starre, dann finde einen Mittelweg zwischen Nachgiebigkeit und Stärke. Du musst dich unablässig beobachten, deine Einstellung kontrollieren ohne rigide zu werden. Bleibe natürlich ohne abzuschweifen. Mitten im Getöse die Ruhe bewahren und mit den Dingen des Alltags umgehen ohne sich zu ärgern, ohne sie zu verabscheuen, das ist echte Stärke. Was nicht bedeuten soll, dass du dich nun in den Trubel stürzt um zu lernen, damit umzugehen, dass du den Lärm suchst, um ihn zu ertragen.

Gleichmut ist Stabilität, Sorge bedeutet, auf die Ereignisse zu reagieren. Es ist wie ein Spiegel, der jede Form, jede Bewegung reflektiert. Setze geschickt die hilfreichen Methoden ein um Fortschritt zu erzielen bei der Festigung innerer Sicht, ganz gleich wie lange es auch dauern mag. Das ist von Mensch zu Mensch verschieden. Versuche nicht zu verstehen, bevor du stabil bist, denn die Einsicht könnte dich aus dem Gleichgewicht bringen und der Verlust des Gleichgewichts zerstört wieder die Einsicht. Was wäre dann gewonnen?

Wenn das Verständnis von selbst auftaucht, ohne danach gesucht zu haben, dann ist es echte Einsicht. Verstehen, ohne damit umherzugehen, das ist wahre Weisheit, die sich unwissend gibt, um die beiden miteinander verflochtenen Schönheiten der inneren Sicht und Stärke weiter zu verbessern.

Kannst du deinen Zustand in ein inneres Gleichgewicht bringen, dann werden sofort alle möglichen Geister und Dämonen in deinen Geist eindringen wollen. Solche merkwürdigen und verrückten Phänomene werden von allen großen Meistern beschrieben. Lass deinen Geist grenzenlos offen nach oben und maßlos weit nach unten. Alte Gewohnheiten werden verschwinden doch neues Verhalten ist nicht angelegt. Ungebunden und ungehindert löst du dich aus dem Netz der Welt.

Übe dies eine lange Zeit, dann wirst du ganz natürlich DAO erreichen.

Qing Jing Jing -

Die Schrift von Klarheit und Stille

Das große DAO hat keine Form aber es gebiert und nährt Himmel und Erde. Das große DAO hat keine Gefühle, aber es bewegt Sonne und Mond. Das große DAO hat keinen Namen, aber es nährt alle Dinge. Ich kenne seinen Namen nicht, so nenne ich es ,DAO'.

Das große DAO zeigt sich in Klarheit und Trübnis, in Bewegung und Ruhe. Der Himmel ist klar, die Erde ist trüb. Der Himmel bewegt und die Erde ruht. Das Männliche klar, das Weibliche trüb. Das Männliche bewegt, das Weibliche ruhend. Aus der Quelle entspringend zum Ende hin strömend wird alles geboren. Klarheit ist Ursprung des Trüben, Ruhe ist Ursprung der Bewegung. Wer ständig in Ruhe und Klarheit verweilt wird sich im Ursprung mit Himmel und Erde vereinen.

Des Menschen Geist mag Klarheit, aber Gedanken stören sie. Des Menschen Herz sehnt Ruhe, aber die Wünsche verwirren es. Wer sein Verlangen bändigt, dessen Herz findet Ruhe. Wer seine Gedanken klärt, dessen Geist wird rein. Ganz natürlich entstehen die sechs Begierden nicht mehr und die drei Gifte verschwinden.

Der Grund, warum dies so schwer zu erreichen ist, liegt darin, dass die Herzen nicht klar sind und das Verlangen nicht gebändigt. Gelingt es das Verlangen zu bändigen: Betrachte dein Herz, dann findet sich kein Herz, betrachte deinen Körper, dann gibt es keinen Körper, betrachte die Dinge, dann existieren keine Dinge.

Hat man diese drei Wahrheiten realisiert, dann sieht man nur Leere.

Selbst das „Sehen der Leere" wird leer. Die Leere kann nicht geleert werden. Kann sie nicht geleert werden, existiert auch das Nichts nicht. Existiert das Nichts nicht mehr, wird der Zustand der Klarheit beständig still.

Kann Stille nicht gestillt werden, kann kein Verlangen entstehen. Kann kein Verlangen entstehen, erreicht man den Zustand wahrer Ruhe. Wahre Ruhe reagiert auf die Dinge. Wahre Ruhe eröffnet deine wahre Natur.

Also wenn man reagiert und dabei in Ruhe verweilt, befindet man sich im Zustand von Klarheit und Ruhe.

In Klarheit und Stille, erreiche das wahre DAO. Erreichst du das wahre DAO, heißt es vollendetes Bewusstsein. Obwohl vollendetes Bewusstsein genannt, ist nichts zu vollenden. Das vollendete Bewusstsein ist bestrebt, alle Lebewesen zu befreien.

Nur wer fähig ist dies zu begreifen, kann den heiligen Weg auch vermitteln.

Lao Jun sagt:

Der Hohe meidet Streit, der Niedere leidet Streit. Hohe Tugend berührt keine Tugend, niedere Tugend führt zu Tugend.

Diejenigen die darauf bestehen, verstehen weder Weg noch Wandel. Darum können nicht alle Wesen den wahren Weg erkennen, denn ihre Herzen sind verwirrt.

Ist das Herz verwirrt, sind die Gedanken verworren. Sind die Gedanken verworren, suchen sie äußeren Halt. Haften sie an äußeren Dingen, entstehen Verlangen und Anmaßung. Haben sich Verlangen und Anmaßung eingenistet, breiten sich Ärger und Ängste aus.

Sorgen und Gier vergiften Leib und Seele, dennoch wälzen sie sich im Schlamm der Schande, wandern von der Geburt zum Tod, drohen ständig im Meer der Bitterkeit zu versinken, auf ewig dem wahren DAO entzweit.

Der wahre und natürliche Weg offenbart sich ganz von selbst denjenigen, die sich ihm widmen. Wer auf diese Weise begreift, bewahrt sich natürlichen Frieden.

Edition 3 Säulen

bisher erschienen:

Zurückkehren zum Ursprung
Qigong der Wudangmönche

Die Sanfeng-Daoisten der Wudangberge im Herzen Chinas
betreiben Kampfkünste und praktizieren ein spezielles Qigong.
Ein Herzstück dieses Qigongs ist die Methode "Seiner Natur
folgen - zurückkehren zum Ursprung".
Meister Yürgen Oster schildert den Ablauf dieser Übung als
Bewegung, als innerer körpermechanischer Vorgang und als
energetischer Prozess. Zusätzlich erhalten die Leser ausführli-
che Informationen zum Daoismus und Tipps für den Alltag.

Hardcover 124 Seiten
ISBN 978-3-2117-5639-3

Yi Jing
Das Buch der Wandlungen
neu übersetzt von Gia Fu Feng

Dieser uralte Text aus vor-Daoistischer Zeit ist in Deustchland seit knapp 100 Jahren bekannt und wird von einer wachsenden Gruppe von Menschen als Ratgeber, Entscheidungshilfe und Meditationsbuch geschätzt.
Die vorliegende Ausgabe ist eine vollständige Übersetzung der Texte und Kommentare von 35 Gelehrten, die Kaiser Gian Long im Jahre 1760 in Auftrag gab.

Ins Deutsche übertragen von Sylvia Wetzel
Herausgegeben von Yürgen Oster

Hardcover 468 Seiten.
ISBN 978-3-7347-6701-2

Der Zwölfteilige Brokat
und alles andere
Man muss nicht alles wissen, was in diesem Buch steht, um die Qigong Übung des Zwölfteiligen Brokats zu lernen. Aber man muss auch kein Qigong machen wollen, um dieses Buch von Yürgen Oster mit Genuss zu lesen.

Hardcover 246 Seiten
ISBN 978-3-7322-8718-1

Tai Ji Quan
Das Dao der Bewegung

Yürgen Osters Klassiker der Tai Ji Quan Literatur liegt nun in einer völlig überarbeiteten und erweiterten Fassung vor.
Das Buch, das jeder Tai Ji Quan Praktizierende bei sich haben sollte.

Als Hardcover mit vielen neuen Abbildungen.
ISBN 978-3735740229

Seminare mit Yürgen Oster

China Reisen in die Wudang Berge
www.wudang-dao.com